William A. Barry SJ · Robert G. Doherty SJ

Gott in allen Dingen finden

William A. Barry SJ · Robert G. Doherty SJ

Gott in allen Dingen finden

Die Dynamik ignatianischer Spiritualität

Herausgegeben von:
Johann Spermann SJ, Ulrike Gentner
und Peter Hundertmark

ZIP
ZENTRUM FÜR
IGNATIANISCHE
PÄDAGOGIK

PLÖGER

Bibliografische Information der Deutschen Bibliothek:
Die Deutsche Bibliothek verzeichnet diese Publikation in der Deutschen
Nationalbibliografie; detaillierte bibliografische Daten sind im Internet über:
<http://dnb.ddb.de> abrufbar.

Dieses Buch erschien zuerst unter dem Titel:
Contemplatives in Action: The Jesuit Way
von *William A. Barry SJ* und *Robert G. Doherty SJ*
bei *Paulist Press, New York 2002*

Materialien des Zentrums für Ignatianische Pädagogik I

Herausgeber: Johann Spermann SJ, Ulrike Gentner und Peter Hundertmark
Zentrum für Ignatianische Pädagogik, Ludwigshafen

Titelfotos: suze/photocase.de | viewgene/shutterstock.com
Umschlaggestaltung: wunderlichundweigand – Stefan Weigand

Der Verlag bedankt sich bei Übersetzern und Bearbeitern des Buches:
Birgit Meid-Kappner, Ulrike Gentner, Johann Spermann SJ, Kai Stenull,
Bettina Burchardt, Paul Becker und Stefan Weigand

ISBN 978-3-89857-300-9

Gesamtherstellung: Plöger Medien GmbH, D-76855 Annweiler
Besuchen Sie uns im Internet: www.ploeger-medien.de

Inhalt

Vorwort zur deutschen Ausgabe

Die meisten Menschen empfinden den Gedanken an Spannungen als unangenehm. Sie verbinden ihn mit Streit, Uneinigkeit und Stress.

Einen ganz anderen Zugang zu den Spannungen des Lebens besitzen die Mitglieder der Gesellschaft Jesu. In ihrer Spiritualität ist der Mensch permanent einer Vielzahl von Spannungsfeldern ausgesetzt, die sich zwischen verschiedensten Extremen auftun. Da stehen sich zum Beispiel der Wunsch nach „Rückzug in die Kontemplation" und die Verpflichtung zu „aktivem Handeln" diametral gegenüber. Oder der Wille, Jesus in Armut nachzufolgen, und der Anspruch, mit Geld Gutes zu tun. Diese und andere Spannungen werden von den Jesuiten nicht als widerstrebende Kräfte wahrgenommen, die sie zu zerreißen drohen. Ganz im Gegenteil: Seit Jahrhunderten zeigen die Jesuiten, dass genau diese Spannungen, wie sie im Leben jedes Menschen auftreten, als Kraft- und Inspirationsquelle erfahren werden können.

> Jesuiten finden Gott in allen Dingen – in der Kontemplation, im Handeln und besonders in den Spannungen dazwischen.

Dieses Buch ist eine Einladung, sich mit der „spannungsreichen" jesuitischen Spiritualität auseinanderzusetzen. Wir sind froh, dass das Buch „Contemplatives in Action" von William A. Barry SJ, und Robert G. Doherty SJ, nun in bearbeiteter Fassung auch in deutscher Sprache vorliegt. An manchen Stellen haben wir uns die Freiheit genommen, den Originaltext zu kürzen, umzuformulieren oder zu ergänzen: Sei es um den Zugang zu erleichtern, sei es um besonders wichtige Aspekte hervorzuheben.

Viele Laien - Männer und Frauen – verrichten gemeinsam mit Jesuiten apostolische Arbeit oder wirken in Institutionen, die in ignatianischer Tradition stehen: vielleicht hilft das Buch, den jesuitischen Weg zu verstehen und selbst ganz oder in Teilen zu leben. Alle, die mit Jesuiten zusammenarbeiten, wissen um deren Schwächen und Stärken. Barry und Doherty beschreiben ein Idealbild, dem sich die Mitglieder des Jesuitenordens nur durch lebenslanges Lernen und Üben annähern.

Wir möchten an dieser Stelle auch unseren Dank aussprechen: An die Ideengeberinnen und Ideengeber, die kritischen und guten Geister, die

Sprachakrobatinnen und Sprachakrobaten, die aufmerksamen Fehlersucher und Fehlerfinder und sonst noch an alle, die den Entstehungsprozess dieses Buches mitgetragen haben – namentlich Birgit Meid-Kappner, Kai Stenull, Bettina Burchardt, Paul Becker und Stefan Weigand .

Den Lesern/innen dieses Buches wünschen wir, dass ihn die Lebenskunst der Jesuiten dazu inspiriert, die zahlreichen Spannungen seines eigenen Lebens positiv anzunehmen, sie bewusst auszukosten und ihr kreatives Potential zu nutzen.

Johann Spermann SJ, Ulrike Gentner und Peter Hundertmark

Einführung

Wenn Menschen nach dem Sinn ihres Daseins und nach ihrem gesellschaftlichen und kulturellen Lebenskontext fragen, stellen sie immer auch die Frage nach Spiritualität. Doch was verbirgt sich eigentlich hinter diesem Begriff? Mit dieser Frage machen wir uns auf den Weg zum Verständnis der ignatianischen Spiritualität; einer Spiritualität, die Individuen verbindet und ebenso besondere Lebenssituationen und -aspekte durchfließt: Dort, wo Spannungen im Leben walten, wirken sie als kreative Kraft und Lebensquelle.

Vor einigen Jahren kam ein Student einer Jesuitenuniversität in den USA gegen Ende seiner Ausbildung zu der Erkenntnis, dass er zwei der prägendsten Abschnitte seines Lebens Ignatius von Loyola zu verdanken hatte: seine Zeit als Schüler an einem Jesuitengymnasium sowie die vier Jahre an der Universität. Was wäre geschehen, wenn Ignatius nicht konvertiert wäre? Oder wenn er an den Wunden verstorben wäre, die er in der Schlacht bei Pamplona erlitten hatte? Dann würden jene Institutionen, die den jungen Mann und viele andere so sehr geprägt haben, nicht existieren. Der Student verspürte tiefe Dankbarkeit gegenüber Ignatius, gegenüber dem Jesuitenorden und gegenüber Gott.

Zahllose Männer und Frauen in der ganzen Welt mögen in den letzten 460 Jahren zu derselben Erkenntnis gekommen sein. Die Gesellschaft Jesu, von Ignatius und neun Gefährten im Jahr 1540 gegründet, hat eine wesentliche Rolle im Leben Einzelner und in der Entwicklung von Gemeinschaften und ganzen Kulturen gespielt, und noch immer übt sie großen Einfluss aus. Was ist die Quelle ihrer Vitalität? Warum weckt sie noch heute sowohl glühende Loyalität als auch erbitterten Widerstand? Wir glauben, dass ihre Spiritualität die Quelle ihrer ungebrochenen Lebendigkeit ist. Sie ist aber auch der Anlass für viele kontroverse Diskussionen, die um die Gesellschaft Jesu weiterhin geführt werden.

> Die Kraftquelle der Gesellschaft Jesu liegt in ihrer Spiritualität.

Diese Spiritualität möchten wir einem breiten Publikum vorstellen. Denn viele Menschen kommen mit ihr in Berührung.

- Allein in den USA leben heutzutage mehr als eine Million Absolventen von Jesuiten-Schulen und -Universitäten. Wir hoffen, dass sich viele von ihnen für die Spiritualität interessieren, die ihre Bildung beeinflusst hat.

- Viele Laien – Männer und Frauen – verrichten zusammen mit Jesuiten apostolische Arbeit: Lehrkräfte, Verwaltungsangestellte und Fachpersonal. Viele von ihnen wollen wissen, warum Jesuiten ticken, wie sie ticken.

- Treuhänder von Institutionen mit jesuitischer Geschichte tragen eine Verantwortung nicht nur gegenüber neuen Trägern, sondern ebenso dem Geist gegenüber, in dem die Institution gegründet wurde. Wir hoffen, dass dieses Buch ihnen dabei helfen wird, diese Verantwortung auszuüben.

- Da jesuitische Spiritualität eine Spiritualität in christlicher Tradition ist, mag dieses Buch auch für all jene von Nutzen sein, die sich zur Nachfolge Christi in der Welt berufen sehen.

Die Bedeutung von Spiritualität

Was ist „Spiritualität"? Begriff und Bedeutung sind schwer zu fassen. Zumindest können wir sagen, dass wir von der Haltung einer Person oder einer Gruppe zu Gott sprechen, das heißt von der konkreten Art und Weise, in der eine Person oder Gruppe sich mit den tiefsten Fragen des Lebens auseinandersetzt. Spiritualität beschreibt demnach zuallererst, wie ein Individuum oder eine Gruppe ihrem religiösen Geist Ausdruck verleiht. Erst in zweiter Linie bezieht sie sich auf eine vollständig durchdachte und systematisierte Reihe von Charakteristika dieses speziellen Ausdrucks. Spiritualität ist, wie die *Formula Instituti*[1] der Gesellschaft Jesu es ausdrückt, „ein Weg hin zu Gott".

Da Spiritualität nicht abstrakt ist, sondern sich in historischen Kontexten entwickelt, gibt es nicht nur eine, sondern viele Spiritualitäten. Zum Beispiel sprechen wir von christlicher, hinduistischer oder buddhistischer Spiritualität. Oder auch von römisch-katholischer, anglikanischer oder methodistischer

Spiritualität ist nicht abstrakt, sie wird lebendig in jedem Menschen.

---

[1] Zu dem vom Papst erlassenen Eigenrecht der Gesellschaft Jesu gehört an erster Stelle die „Formula Instituti" (Formel des Instituts). Von der Formula Instituti gibt es zwei Fassungen, die von Paul III. (1540) bzw. Julius III. (1550) erlassen worden sind. Rechtlich gesehen hat die jüngere Fassung, das heißt die Formula Instituti Julius' III., den Vorrang.

Spiritualität; von benediktinischer, franziskanischer oder dominikanischer Spiritualität. Es gibt die französische Spiritualität des neunzehnten Jahrhunderts genauso wie die flämische des fünfzehnten Jahrhunderts. Sobald wir auf diese Weise von verschiedenen Spiritualitäten reden, merken wir, dass jede Spiritualität in einem bestimmten historischen und kulturellen Kontext verankert ist. Genauso wie die Kultur von einer lebendigen Tradition getragen wird, so gilt dies auch für die verschiedenen Formen von Spiritualität. Und genauso wie Tradition in sinnentleerten Handlungen erstarren kann, kann dies auch mit Spiritualität geschehen.

Doch obwohl sie kulturell beeinflusst ist, besitzt Spiritualität einen immanenten Schutz gegen kulturelle Verkrustung. Eine Spiritualität, so wie wir sie oben definiert haben, weist auf die aktive Anwesenheit Gottes im Leben der Menschen hin. Wo unsere politische, rechtliche und wissenschaftliche Kultur den Glauben an göttliche Intervention oft als irrational anzusehen scheint, so baut eine jede Spiritualität, die es wert ist, als solche angesehen zu werden, auf gerade diese Intervention. Spiritualität erwartet regelrecht, dass Gott auf aktive Weise seine Absichten verfolgt und dass das Göttliche daher ununterbrochen danach strebt, die Verkrustung einer jeglichen Kultur zu durchbrechen, um Gottes eigene Wirklichkeit und Zuneigung zu offenbaren. Die Kunst besteht offensichtlich darin, Methoden zu entwickeln, die es dem Menschen erlauben, dieser Interventionen gewahr zu werden. In die kulturellen Verkrustungen müssen Breschen geschlagen werden, so dass diese sichtbar werden.

Wenn wir also die spezifischen Arten und Weisen untersuchen, mit denen eine Spiritualität den Gläubigen hilft, jene Verkrustungen zu durchbrechen, dann besitzen wir darin eine geeignete Methode, die verschiedenen Formen von Spiritualität voneinander zu unterscheiden. Zum Beispiel verlangt benediktinische Spiritualität nach Treue zu einem Kloster, in dem das Leben auf Gebet, Arbeit und Gastfreundschaft basiert. Denn sie geht davon aus, dass eine solche Treue zu Gotteserfahrungen führen mag. Ignatianische Spiritualität dagegen verlangt nach Aufmerksamkeit für die persönlichen Erfahrungen, die im Laufe eines mühsamen, anspruchsvollen Dienstes in der Welt auftreten. Sie will entdecken, wie Gott auf das einzelne Menschenleben einwirkt und Gott in allen Dingen zu finden ist.

Jede spezifische Spiritualität folgt aus einer Erfahrung mit Gott oder auf einer Reihe solcher Erfahrungen. Selbstverständlich ist keine Erfahrung dieser Art jemals eine reine und einfache Gotteserfahrung.

Jede menschliche Erfahrung ist mehrdimensional. Sie ist das Ergebnis einer Begegnung zwischen etwas Göttlichem und einer Person mit einem bestimmten psychologischen, sozialen und kulturellen Hintergrund. Benediktinische Spiritualität etwa, mit ihrem Gelübde der *Stabilitas loci*, also der dauerhaften Bindung eines Mönches oder einer Nonne an ein bestimmtes Kloster, war das Ergebnis einer Begegnung zwischen Gott und Benedikt sowie seiner Anhänger. Diese wuchsen in der Zeit auf, in der das römische Reich im Begriff war auseinanderzufallen. Stabile Institutionen waren rar gesät. Ignatianische Spiritualität dagegen erwuchs aus der Begegnung zwischen Gott und einem spätmittelalterlichen baskischen Edelmann und Krieger. Und zwar zu einer Zeit, in der die mittelalterliche kohärente Weltsicht sich auflöste. Ein weiteres Beispiel: Methodistische Spiritualität entwickelte sich aus der religiösen Erfahrung John Wesleys und seiner Anhänger, während sie mit den Folgen der industriellen Revolution in England kämpften. Wichtig ist, dass jede Spiritualität das Produkt einer Begegnung Gottes mit einer Gruppe von Menschen ist: Menschen mit einer bestimmten Geschichte, die neben anderen auch psychologische, soziale und kulturelle Einflüsse beinhaltet.

> Jede Spiritualität ist das Produkt einer Begegnung von Gott und Mensch.

Für alle und für den Orden

Der Titel dieses Buches bezieht sich auf die Spiritualität der Jesuiten, nicht auf die ignatianische Spiritualität. Auch wenn mancher vielleicht meint, beide Begriffe bezeichneten dasselbe, gibt es doch einen Unterschied: Die Spiritualität der Jesuiten bezieht sich auf die Mitglieder der Gesellschaft Jesu. Die ignatianische Spiritualität dagegen haben viel mehr Menschen, viele Millionen, für sich verinnerlicht, die keine Mitglieder der Gesellschaft Jesu sind; viele von ihnen sind noch nicht einmal römisch-katholisch. Für sie verfasste Ignatius von Loyola seine *Geistlichen Übungen*. Mit diesem Buch als Anleitung zum Exerzitiengeben wollte er allen möglichen Menschen helfen, Gott zu finden und ihr Leben zu ordnen und auf Gott hin auszurichten. Seine eigenen Erfahrungen führten ihn zu dem Glauben, dass Gott aktiv in dieser Welt am Werke ist und will, dass alle Menschen in Übereinstimmung mit seinem Willen handeln. Dies ist das Herz der Spiritualität der *Geistlichen Übungen*. Es ist eine Spiritualität, die allen Christen offen steht, und die in den 450 Jahren ihrer Existenz Millionen von ihnen geholfen hat. Einer von Ignatius' engsten Vertrauten, Jerónimo Nadal, glaubte, dass sich die *Geistlichen Übungen* sogar für Nicht-Christen eignen würden.

Jesuitische Spiritualität hingegen ist nicht nur die Spiritualität des Ignatius, sondern die eines religiösen Ordens innerhalb der römisch-katholischen Kirche. Sie drückt sich nicht nur in den *Geistlichen Übungen* – dem Exerzitienbuch – aus, sondern auch in den *Satzungen der Gesellschaft Jesu* sowie in vielen weiteren Dokumenten. Sie äußert sich auch in den Traditionen und Aktivitäten, die sich über die mehr als 450 Jahre andauernde Existenz der Gesellschaft entwickelt haben. Dabei ist die jesuitische Spiritualität nicht nur auf die Gesellschaft Jesu beschränkt; andere religiöse Gemeinschaften, insbesondere Frauenkongregationen, haben sie als einen Teil ihrer eigenen Spiritualität übernommen.

Diese Spiritualität der Gesellschaft Jesu ist es, die wir in diesem kleinen Buch besprechen werden. Wir werden versuchen, diejenigen Merkmale der jesuitischen Spiritualität hervorzuheben, die sie einzigartig macht.

In jüngster Zeit wurde betont, dass die jesuitische Spiritualität von Spannungsfeldern geprägt ist. In *Die ersten Jesuiten* beschreibt John O'Malley SJ einige dieser Spannungsfelder, die für die ersten Jesuiten charakteristisch waren:

Jesuitische Spiritualität ist eine Spiritualität von Spannungen.

- Sie wollten Friedensstifter sein, wurden jedoch oft in schwierige Situationen und heiß diskutierte Themenfelder gesandt – mit dem Auftrag, Position zu beziehen.

- Sie wollten die Institution Kirche reformieren, lehnten es jedoch entschieden ab, in deren Hierarchie einzutreten, d.h. hohe Kirchenämter anzunehmen.

- Im Blick auf die Lehre der Kirche waren sie eher konservativ, gleichzeitig standen sie spirituell denjenigen näher, die Schwierigkeiten mit der Institution Kirche bekamen.

- Sie schätzten die rationale scholastische Theologie des Thomas von Aquin, wollten jedoch für eine Theologie und Spiritualität des Herzens bekannt sein.

- Ihre Organisationsform basiert auf offener Kommunikation und auf dem Vertrauen in das autonome und freie Handeln ihrer Mitglieder – und doch entwickelten die Jesuiten ein Vokabular des Gehorsams, das die autokratische Herrschaft der Oberen zu betonen scheint.

- Sie lehrten die Menschen beten, sahen jedoch nicht das Kloster, sondern die Welt als ihr Zuhause.

- Sie teilten die gesellschaftlichen Vorurteile ihrer Zeit gegenüber Frauen, nahmen sich ihrer jedoch nicht weniger als der Männer an.

- Sie glaubten, dass sich der Wille Gottes jedem Menschen offenbart und in Freiheit zu befolgen ist, und doch verteidigten sie die Gesetze, Institutionen und Bräuche der hierarchischen Kirche.

Im Licht dieser Polaritäten lässt sich die jesuitische Spiritualität anhand einer Reihe lebensspendender und kreativer Spannungsfelder beschreiben. Jesuiten sollen Männer des Gebets sein, denen spirituelle Aspekte am wichtigsten sind. Gleichzeitig sind sie dazu angehalten, zur Verrichtung ihrer apostolischen Arbeit alle ihnen zur Verfügung stehenden Mittel zu benutzen. Sie sollen disziplinierte Männer sein ohne übermäßige Bindung an weltliche Werte und doch aktiv in der Welt engagiert. Tatsächlich wird von ihnen erwartet, dass sie durch ihr Tun zu Gott finden. Durch ihre Armut sollen sie sich hervorheben, ihre Arbeit jedoch genauso unter den Reichen wie unter den Armen verrichten können. Jesuiten sollen keusch und für ihre Keuschheit bekannt sein, jedoch zuhause wie auch auf Reisen warmherzige und zugewandte Gefährten sein. Sie sollen Männer von Leidenschaft, Intelligenz, Initiative und Kreativität sein, doch ebenso sollen sie sich gehorsam gegenüber ihren Oberen zeigen. Sie sollen sich den Menschen und Institutionen widmen, mit denen sie zu tun haben, jedoch auch in der Lage sein, sich unverzüglich dorthin begeben, wohin ihre Oberen sie schicken. Sie sollen Männer sein, die daran glauben, dass der Geist Gottes auf direkte Weise mit den einzelnen Menschen – sie selbst mit einbegriffen – kommuniziert, und somit Männer, die in der Unterscheidung der Geister gegenüber den Regungen ihrer Herzen gegenüber offen sind. Und doch sollen sie sich gleichzeitig durch disziplinierten Gehorsam und Treue gegenüber der Institution Kirche auszeichnen. Im Buch der *Geistlichen Übungen* (Exerzitienbuch) ist diese Spannung offenbar. Dort steht, dass Gott unmittelbar mit dem Individuum kommuniziert (EB 15) dies steht jedoch in einer gewissen Spannung mit den „Regeln, zum Fühlen mit der Kirche" (EB 352ff).

> Wie soll ein Jesuit all diese widersprüchlichen Erwartungen erfüllen?

14

Jesuitische Spiritualität wirkt dann am besten, wenn die beschriebenen Spannungen lebendig und deutlich spürbar sind: wenn also ein Jesuit in sich selbst den Einfluss beider Seiten einer jeden Polarität verspüren kann. Am besten sind Jesuiten beispielsweise dann, wenn sie sich zu langem Gebet hingezogen fühlen und dieses Verlangen zugunsten ihres apostolischen Wirkens im Zaum halten müssen. Oder wenn jesuitische Theologen die Spannung erfahren, treue Katholiken zu sein und gleichzeitig nach neuen Wegen suchen, der Wahrheit des Glaubens in sich ändernden Zeiten und Kulturen Ausdruck zu verleihen.

Aufgrund dieser dynamischen kreativen Spannungen wurde die jesuitische Spiritualität in der Vergangenheit sowie in der Gegenwart oftmals verspottet. Ignatius selbst wurde zum Beispiel beschuldigt, von den spanischen *alumbrados* („Erleuchteten") beeinflusst worden zu sein, da er in seinen *Geistlichen Übungen* davon ausging, dass Gott persönlich mit Individuen kommuniziert und eben nicht bloß über die Institution der Kirche. In jüngerer Zeit wurde die jesuitische Spiritualität als rationalistisch und asketisch-kalt karikiert. Es waren jedoch nicht nur Außenstehende, die sich über die jesuitische Spiritualität lustig gemacht haben. Sie selbst scheint von Zeit zu Zeit jenen Karikaturen nicht unähnlich gewesen zu sein. Bereits zu Ignatius' Zeiten wollten einige prominente Jesuiten Portugals es Mönchen gleichtun, die jeden Tag Stunden damit verbrachten, in der Zurückgezogenheit zu beten: ein Verhalten, das Ignatius zu strengem Tadel veranlasste. Es gab Jesuiten, die so sehr in der Welt aufgingen, dass ihnen ihre religiöse Motivation scheinbar abhandenkam und sie nicht mehr von ihren weltlichen Gegenübern zu unterscheiden waren. Ein Beispiel hierfür ist Antoine Lavalette, der sich im achtzehnten Jahrhundert als Oberer der Jesuiten in Martinique an obskuren geschäftlichen Transaktionen beteiligte. Diese bescherten am Ende der Gesellschaft Jesu in Frankreich erhebliche finanzielle Verluste und Gerichtsverfahren und waren der unmittelbare Grund für ihre Ausweisung aus Frankreich. Vor Lavalettes Ernennung zum Oberen wurde der Generalobere wie folgt vor ihm gewarnt: „… er wird die Mission aus menschlichen und politischen Gründen ausführen; er ist sich seiner selbst zu sicher und wird sich neuen Unterfangen widmen, so er keinen klugen Oberen hat, der ihn verwarnen und im Zaum halten kann."

Ignatius war sich der Gefahren dieser Spiritualität bewusst.

Wie wir sehen werden, war Ignatius sich der Gefahren der Spiritualität, die er und seine frühen Gefährten entwickelten, durchaus bewusst. Doch er glaubte, dass Gott nach dieser konkreten Gesellschaft Jesu und ihrer Spiritualität verlangte. Ignatius versuchte seinen Teil dazu beizutragen – durch das Niederschreiben der Satzungen der Gesellschaft Jesu (*Constitutiones*), durch seine vielen Briefe sowie durch die nimmermüden Reisen des Jerónimo Nadal. Ihn sandte er aus, um „unsere Weise des Vorangehens" zu erklären. Tatsächlich wurden genau diese Worte: „unsere Weise des Vorangehens" kennzeichnend für die Jesuiten, wenn sie über ihre Spiritualität reden. Genau dieser Art und Weise, also den Grundlagen dieser Spiritualität, werden wir uns nun widmen.

1. „Den Seelen helfen"

Der Ursprung jesuitischer Spiritualität

Jede Spiritualität entwickelt sich im Geiste und im Herzen des Menschen als Reaktion auf die Probleme seiner Zeit und Kultur. Die jesuitische Spiritualität hat ihre Wurzeln in den Erfahrungen des Ignatius von Loyola, eines tapferen, ambitionierten und verwegenen Romantikers, der im 16. Jahrhundert seine Wirkung entfaltete. Sein leidenschaftliches Herz schlägt noch immer im Kern der spirituellen Vision, die bis heute seinen Namen trägt. Anhand seiner Lebensgeschichte lassen sich fünfzehn Merkmale identifizieren, die die jesuitische Spiritualität kennzeichnen. Diese Merkmale werden wir in diesem Kapitel der Reihe nach, so wie Ignatius sie erlebte, behandeln.

Ignatius von Loyola (1491–1556), getauft auf den Namen Iñigo, wuchs in einem Spanien auf, das sich auf dem Höhepunkt seiner Macht befand. Um die Zeit seiner Geburt hatten Ferdinand und Isabella die letzten Landesteile von der sarazenischen Vorherrschaft befreit. Ein Jahr später finanzierten sie die Reisen des Christoph Kolumbus und dehnten damit ihre Herrschaft auf die Neue Welt aus. Iñigo lebte also in einer Phase atemberaubender wirtschaftlicher Expansion. Gleichzeitig wuchs er in einer Zeit auf, in der das kohärente mittelalterliche Weltbild, das die europäische Zivilisation geprägt hatte, zerbrach. Unablässig wüteten Kriege, in denen kleine und große Königreiche einander bekämpften. In ganz Europa schwelten religiöse Unruhen, die schließlich im Jahr 1517 in Luthers Verkündung seiner 95 Thesen in Wittenberg gipfelten. In Spanien verfolgte die Inquisition unnachgiebig jeden Anflug von Ketzerei. Iñigo wuchs also in einem Klima auf, in dem große Taten nicht nur gefeiert sondern auch gefordert wurden – und in dem Fragen des rechten Glaubens umstritten und hart umkämpft waren.

Iñigo wurde in eine adlige baskische Familie geboren, die gegenüber den kastilischen Königen stets glühende Loyalität gezeigt hatte. Sie war bekannt für ihre Tapferkeit im Kampf und ihre Neigung zur Gewalt. Iñigo zeigte sich als wahrer Sohn dieser Familie. Einem Gerichtsverfahren wegen mehrerer schwerer Verbrechen, die er mit vollem Vorsatz begangen hatte, entging er nur, weil er **In seiner Jugend war Ignatius ein Mann der Gewalt.** von seinem Vater für die geistliche Laufbahn vorgesehen und somit dem weltlichen Gericht entzogen war. Ein anderes Mal mussten ihn seine Kameraden mit Mühe davon abhalten, wegen einer belanglosen Beleidigung einen Schwertkampf anzuzetteln. Iñigo war also ein Mensch, für den Gewalt Teil seines Alltags war. Andererseits zeigte er große Tapferkeit und Loyalität, als eine Übermacht französischer Soldaten Pamplona belagerte. Die Stadt kapitulierte erst, nachdem Iñigo schwer verwundet worden war. Während seiner Genesung zeigte er ein weiteres Mal seine Eitelkeit, seinen Ehrgeiz und seinen Mut: In einer Zeit, in der Betäubungsmittel nur wenig Wirkung zeigten und die medizinische Versorgung in der Hand von mehr oder weniger ungebildeten Feldscheren lag, ließ er eine zweite Operation an seinem verletzten Bein über sich ergehen, um bei Auftritten am Hofe auch weiterhin eine stattliche Erscheinung abzugeben.

Beginn der spirituellen Reise

Während seiner langen, schmerzvollen Genesung im Schloss der Loyolas gab er sich Tagträumen hin. Stunden konnte er damit zubringen, sich ritterliche Heldentaten auszumalen, die er um der Gunst einer edlen Dame willen vollbringen würde. Um seine Phantasien zu befeuern, wollte Iñigo auch einige der Rittererzählungen lesen, die damals sehr beliebt waren. Doch der einzig verfügbare Lesestoff waren ein Buch zur Lebensgeschichte Jesu und ein Band über das Leben von Heiligen. Notgedrungen begann Ignatius diese zu lesen. Es geschah Erstaunliches: Die spirituelle Lektüre änderte seine Tagträume; nun war es auch Christus, für den er Taten, größer noch als jene der großen Heiligen, vollbrachte. Diese Träumereien bereiteten ihm großes Vergnügen, doch Iñigo machte eine merkwürdige Erfahrung: Galten die Bravourstücke in seiner Phantasie einer Dame, fühlte er sich danach „ausgelaugt und unzufrieden". Bestand er jedoch Gefahren und Abenteuer für Christus, blieb er „zufrieden und glücklich". Andere hätten dem vielleicht keine Bedeutung beigemessen, doch für Iñigo war diese Erkenntnis der erste Schritt einer spirituellen Reise, die ihn bis hin zur Gründung der Gesellschaft Jesu führen sollte. Im Pilgerbericht, schreibt er über sich:

> „Doch achtete er nicht darauf und verweilte nicht dabei, diesen Unterschied zu wägen, bis sich ihm einmal ein wenig die Augen öffneten und er begann, sich über diese Verschiedenheit zu wundern und über sie nachzudenken, da er durch Erfahrung erfaßte, daß er von den einen Gedanken traurig blieb und von den anderen froh. Und allmählich begann er, die Verschiedenheit der Geister zu erkennen, die sich bewegten, der eine vom Teufel und der andere von Gott." BP 8

Dies war der Keim, der später zur jesuitischen Spiritualität heranreifen würde. Zum ersten Mal erkannte Iñigo, dass Gott die Macht besaß, sein Herz zu rühren und ihn in eine bestimmte Richtung zu ziehen.

Als Iñigo endlich das Krankenlager verlassen konnte, kehrte er nicht in sein altes Leben zurück, sondern wollte den begonnenen spirituellen Weg weitergehen. Er reiste in die kleine spanische Stadt Manresa, um sich hier in langen Stunden dem Gebet zu widmen. Angesichts der Sünden seines früheren Lebens quälten ihn so starke Gewissensbisse, dass er sogar an Selbstmord dachte. Im Laufe dieses Reifungsprozesses fand er wenig Hilfe vonseiten spiritueller Meister oder Beichtväter. In der harten Schule seines beinahe einjährigen Aufenthalts in Manresa lernte Iñigo ganz allein auf sich gestellt die Geister zu unterscheiden, die sein Herz bewegten.

Was für ein furchtbares Ringen muss in ihm gewesen sein, bis er herausfand, wer Gott wirklich ist! Kein Bluthund, der alle seine geheimen Sünden erschnüffelt, um ihn dann dafür zu foltern. Sondern vielmehr ein liebender Vater, der ihn, Iñigo, als Gefährten für seinen eigenen Sohn gewinnen will.

Während der langen Monate in Manresa lernte Iñigo Jesus und seine Mission lieben, und entdeckte einen Weg, um Seelen wie der seinen zu helfen: Seelen, die im Gebet und in der Arbeit eins sein wollten mit dem Herrn. Iñigo schrieb seine Einsichten nieder, und jene Schriften entwickelten sich schließlich zu einem Handbuch – dem Exerzitienbuch – dem wahrscheinlich einflussreichsten spirituellen Klassiker der letzten 450 Jahre.

Wir beginnen bereits jetzt, einige der Charakteristika der jesuitischen Spiritualität zu erkennen. Als Iñigo seine spirituelle Reise begann, war er theologisch und spirituell nahezu ein Analphabet.

Er war weder gelehrt noch besonders fromm. Er konnte keinen Grund dafür erkennen, warum Gott ausgerechnet ihn auserwählt hatte, um zu ihm zu sprechen. So kam er zu der Einsicht, dass Gott einen jeden Menschen zu intimer Vertrautheit einlädt und zum Dienst ruft.

Hier erkennen wir ein erstes Merkmal der jesuitischen Spiritualität: Sie ist davon überzeugt, dass Gott die Nähe zu *allen* Menschen sucht. Seit jeher ist die jesuitische Spiritualität in dieser

Ignatius erkannte, dass Gott die Nähe zu allen Menschen sucht.

Erwartung bemerkenswert optimistisch geblieben. Die nächste Frage lag auf der Hand: Wenn Gott in allen Menschen wirkt – warum hören die einen auf ihn, und die anderen nicht? Iñigo konnte Gott in sich wahrnehmen, weil er den Dingen Beachtung schenkte, die in seinem Geist und in seinem Herzen passierten, während er las und seinen Tagträumen nachging. In sich hineinzuhorchen war also die Voraussetzung dafür, dass sich Gottes Wille einem Menschen erschließt. Ignatius, wie Iñigo sich nun nannte, entwickelte die Gewohnheit, sich selbst über die Dauer eines Tages hinweg ständig zu prüfen, um den Geist und die Hand Gottes in seinen Alltagserfahrungen zu entdecken – um zu lernen, Gott in allen Dingen zu finden.

Diese persönliche Achtsamkeit gegenüber den eigenen Gefühlen, Sehnsüchten, Träumen, Hoffnungen und Gedanken ist das zweite Charakteristikum der ignatianischen Spiritualität. Der Übende wird dazu angehalten, sein inneres Erleben unter die Lupe zu nehmen und immer wieder die eigenen Beweggründe zu hinterfragen. Nur so kann er erkennen, was Gott in ihm spricht. Diese Aufforderung zur Aufmerksamkeit ist ein klares Merkmal, das die jesuitische von anderen Formen der Spiritualität unterscheidet. Die jesuitische Art der Spiritualität wird als „kataphatisch" bezeichnet, sie bezieht sich auf das Sichtbare, Fühlbare und damit auf die begreifliche Seite Gottes. Genau den entgegengesetzten Weg gehen die „apophatischen" Typen der Spiritualität. Letztere wenden sich ab von subjektiven Bildern, Sehnsüchten, Träumen und Zielen, um die Aufmerksamkeit des Übenden auf die Wiederholung einer Formel oder eines kurzen Gebets sowie das Leerwerden von eigenen Interessen und Gedanken zu konzentrieren. Paradebeispiele für apophatische Spiritualität in der Moderne ist das zentrierende Gebet, mit dem der Übende zur inneren Ruhe gelangen will, sowie jene Art von Meditation, wie sie von Mönchen wie John Main, Lawrence Freeman und Basil Pennington gelehrt wurde und wird.

Auf der Suche nach dem Absender

Ein Hindernis für die Kommunikation mit Gott gibt es jedoch für den ignatianisch geprägten Menschen. Er muss sich fragen: Wer sagt, dass die Stimme, die ich in mir höre, wirklich die Gottes ist – und nicht die seines Widersachers? Auf der Grundlage seiner eigenen Erfahrungen kam Ignatius zu der Überzeugung, dass Gott und der Teufel, „der Feind der menschlichen Natur", in eine alles entscheidende Schlacht um die Herzen und Seelen aller Menschen verwickelt sind. Er entwickelte und formalisierte zwei Reihen von Regeln, um zwischen diesen Geistern unterscheiden zu können, d.h. um zu prüfen, welcher Teil der eigenen Erfahrungen von Gott kommt und welcher nicht. Diese Übung wird „Unterscheidung der Geister" genannt und ist ein dritter wesentlicher Bestandteil der jesuitischen Spiritualität.

Das vierte Merkmal: Die jesuitische Spiritualität konzentriert sich auf Jesus, auf die ihm von seinem Vater aufgetragene Mission und dessen Wunsch, dass es Menschen geben sollte, die in der Nachfolge Jesu dessen Mission fortführen. Die jesuitische Spiritualität will „den Seelen helfen", wie frühe jesuitische Dokumente den Sendungsauftrag gerne beschrieben.

Fünftens ist die jesuitische Spiritualität trinitarisch, basierend auf Ignatius' eigener mystischer Erfahrung der Dreifaltigkeit sowie dem aktiven Wirken des dreieinen Gottes in unserer Welt. Ignatius erfuhr die Worte Jesu scheinbar als persönliche Botschaft an ihn und seine Gefährten: „Friede sei mit euch! Wie mich der Vater gesandt hat, so sende ich euch! Nachdem er das gesagt hatte, hauchte er sie an und sprach zu ihnen: Empfangt den Heiligen Geist!" (Johannes 20,21–22) Die jesuitische Spiritualität lebt innerhalb des Mysteriums des dreieinen Gottes, der zu jeder Zeit danach strebt, seine Absichten für die Welt in die Tat umzusetzen und Männer und Frauen dazu aufzurufen, mit ihm zusammenzuarbeiten.

Für Ignatius war es die klare Anweisung Gottes, sein Leben nach dem Beispiel Jesu zu führen.

So wie viele Menschen seiner Zeit pilgerte nun auch Ignatius nach Jerusalem. Doch er wollte dort auch bleiben und wirken. In seiner Heimat hatte er niemandem von diesem Plan erzählt, erst in Jerusalem offenbarte er sich dem Provinzial der Franziskaner. Wie muss Ignatius erschrocken sein, als dieser Mann, dem die Obhut über die Heiligen Orte anvertraut worden war, ihm verbot zu bleiben! Denn dieser hatte Sorge, dass Ignatius so wie viele andere Pilger gefangengenommen und versklavt werden würde und sehr teuer freigekauft werden müsste. Was sollte Ignatius nun tun? Seinen Plan trotzdem in die Tat umsetzen – oder gehorchen? Im Pilgerbericht wird diese Situation so wiedergegeben:

„Er (Anm. des Übersetzers: Ignatius) antwortete darauf, er habe diesen Vorsatz sehr fest und urteile, er werde um keinen Preis seine Ausführung unterlassen. Und er gab höflich zu verstehen: Auch wenn es dem

Provinzial gut scheine – wenn es sich nicht um etwas handle, das ihn unter Sünde verpflichte – werde er wegen keiner Furcht von seinem Vorsatz ablassen. Darauf sagte der Provinzial, sie hätten Vollmacht vom Apostolischen Stuhl, von dort gehen oder dort bleiben zu lassen, wer ihnen gut schiene, und exkommunizieren zu können, wer ihnen nicht gehorchen wolle; und in diesem Fall urteilten sie, daß er nicht bleiben dürfe usw." BP 46

Ignatius kehrte also nach Spanien zurück. War er eingeknickt? War sein Glaube dann doch nicht so stark? Nein, so einfach war es nicht! Ignatius glaubte fest daran, dass Gott ihn führte, als sich in ihm der Wunsch entwickelte, in Jerusalem zu bleiben. Doch als ihm dort die Exkommunikation drohte, schlussfolgerte er: Es ist nicht Gottes Wille, dass ich an den heiligen Stätten bleiben soll. **Jesuitische Spiritualität steht im Dienst der Kirche.** Hier stoßen wir auf ein weiteres Kennzeichen der jesuitischen Spiritualität: die Überzeugung, dass die Autorität der Kirche ebenfalls von Gott gewollt ist. Dieses sechste Merkmal bedeutet, dass sich ein Jesuit an die Autorität halten wird, wenn die Entscheidung der Autorität und das eigene Urteil unauflösbar aufeinanderprallen.

Ignatius kehrte von seiner Pilgerschaft ins Heilige Land nach Spanien zurück. Hier begannen immer mehr Menschen, ihn um geistlichen Rat zu bitten. Im Gespräch erläuterte er ihnen zum Beispiel seine Methode, zwischen Todsünden und lässlichen Sünden zu unterscheiden. Für die kirchlichen Autoritäten war es allerdings undenkbar, dass ein Laie wie Ignatius ohne jegliche formale theologische Ausbildung über derlei Themen sprach. Mehr als einmal geriet Ignatius deshalb in Konflikt mit der Inquisition. Was sollte er tun? Er erkannte, dass er die Legitimation durch ein gründliches Studium der Philosophie und Theologie benötigte, um weiterhin „den Seelen helfen" zu können. Also fing er an zu studieren. Für die jesuitische Spiritualität bedeutet dies: Sie fördert und fordert intellektuelle Kompetenz und Können – dies ist das siebte Charakteristikum, an dem sie erkennbar ist.

Wertschätzung der Gemeinschaft

Was erlebte Ignatius im Verlauf seiner Studien, und welche Ausprägungen der jesuitischen Spiritualität hatte das zur Folge? Zum einen schrieb **Jesuiten ist die Gemeinschaft wichtig.** er das Exerzitienbuch, die Geistlichen Übungen. Zum anderen begann er, während er in Spanien studierte, Männer um sich zu scharen, die wie er leben wollten. Diese frühen Gefährten blieben allerdings nicht lange zusammen. Erst an der Universität in Paris begegnete er einigen sehr ehrgeizigen, intelligenten und frommen jungen Männern, die sich seiner Führung anvertrauten. Darunter waren seine Mitbewohner Franz Xaver und Pierre Favre – auch Peter Faber genannt.

Sechs dieser Männer begleitete er im Rahmen der Geistlichen Übungen einzeln und über den Zeitraum eines Monats. Nach dieser Zeit stellten sie überglücklich fest, dass sie gemeinsam berufen waren: Jeder von ihnen war zu dem Entschluss gekommen, dass er Jesus folgen wolle. Wie Ignatius strebten sie danach, ins Heilige Land zu reisen, um „den Seelen zu helfen". Am 15. August 1534 schworen Ignatius und jene sechs Gefährten, Christus in Armut zu folgen und nach Vollendung ihres Studiums als Priester nach Jerusalem zu reisen. Bevor sie dorthin aufbrachen, gesellten sich drei weitere Weggenossen zu ihnen.

Diese zehn jungen Männer waren die Gründer der Gesellschaft Jesu, welche am 27. September 1540 mit dem Einverständnis von Papst Paul III. gegründet wurde.

In Manresa war Ignatius einsam gewesen, doch nun war eine Zeit der gemeinsamen Unternehmungen und des gemeinsamen Lernens angebrochen. Die Gefährten kamen aus verschiedenen Ländern und Kulturen. Sie fanden zu ihrer gemeinsamen Berufung, indem sie miteinander über ihre Erfahrungen während der *Exerzitien* sprachen. In Paris pflegten sie sich jede Woche zu treffen, um miteinander zu essen und in einen geistlichen Austausch einzutreten. Auch halfen sie einander in ihren Studien. Durch diese geteilten Erfahrungen wurden aus ihnen, mit Ignatius' Worten, „Freunde im Herrn." Und wieder wurden aus persönlichen Erfahrungen Teile der jesuitischen Spiritualität: Eines ihrer weiteren Kennzeichen ist die Gefährtenschaft – im Sinne eines gemeinsamen Dienstes für die Kirche.

Und so ging es im Leben des Ignatius weiter: Kriegerische Auseinandersetzungen versperrten den Weg ins Heilige Land. Deshalb beschlossen die Mitglieder der Gemeinschaft ihrem Schwur gemäß, nach Rom zu reisen und sich in den Dienst des Papstes in Rom zu stellen. Der Grund für diese Entscheidung war ihr Wunsch, Gottes Willen zu erfahren, ohne von ihren eigenen nationalen Präferenzen beeinflusst zu werden. In Rom wurden sie mit einer weiteren Frage konfrontiert: Wollte Gott, dass sie eine Gemeinschaft des geweihten Lebens gründeten, oder nicht? Um diese Frage zu beantworten, übten sie sich mehrere Wochen lang in gemeinschaftlicher

Unterscheidung der Geister. Immerhin ging es darum, ob sie sich unwiderruflich zu Armut, Keuschheit und Gehorsam bekennen sollten. Sie verbrachten viel Zeit im persönlichen Gebet, diskutierten aufrichtig und offen und wägten das Für und Wider sorgfältig ab. Am Anfang stand nur eines fest: Ihrer aller Entschluss war es, sich an den Willen der Mehrheit zu halten. Am Ende kamen sie zur einstimmigen Entscheidung, den Papst darum zu bitten, sie als neuen geistlichen Orden anzuerkennen. Ignatius wählten sie zu ihrem Anführer, zum „Generalsuperior".

Jesuiten diskutieren offen und aufrichtig.

Und dies ist das neunte Merkmal, das diese Spiritualität auszeichnet: Sie lebt von der aufrichtigen, offenen und geistlich ausgerichteten Diskussion von Themen, deren Ziel es ist, zum Willen Gottes zu finden.

Das vierte Gelübde

Das Besondere an dem neuen Orden war, dass er sich in den direkten Dienst des Papstes stellte, um so uneingeschränkt wie möglich für den Dienst im Weinberg des Herrn verfügbar zu sein – dies ist das zehnte Kennzeichen der jesuitischen Spiritualität. Zusätzlich zu den üblichen drei Ordensgelübden fügten die ersten Gefährten also ein viertes hinzu: die Verfügbarkeit für Sendungen des Papstes. Dieses Gelübde ist bis heute oft missverstanden worden – sowohl von Jesuiten als auch von Nicht-Jesuiten. Es hat dazu geführt, dass die Gesellschaft Jesu immer wieder als „Armee des Papstes" bewertet wurde. Doch gerade dieser militaristische Beiklang der Bezeichnung missfällt den meisten Jesuiten von heute[1].

Ziemlich schnell begannen die Gefährten, sich über die ganze Welt zu verteilen. Ihr anfängliches Selbstbild war das einer Gruppe von Männern, die jeden Augenblick bereit waren, sich dorthin zu begeben, wo die Not am größten war. Auch wenn die Mitglieder des neuen Ordens in einigen Städten feste Wohnsitze errichteten, lebten sie doch ohne festes Einkommen.

Jesuiten leben nicht zurückgezogen, sondern in der Welt.

---

[1] Der höchste Obere der Jesuiten ist der Generalobere, im Unterschied zum Provinzial sowie den Lokaloberen. Leider haben die Jesuiten durch ihre Abkürzung des Titels hin zu „General" den Eindruck nur noch genährt, die Gesellschaft sei wie eine Armee strukturiert.

Sie hatten beschlossen, für keines ihrer Werke Entlohnung zu akzeptieren. Oft genug, so schrieb Jerónimo Nadal, einer von Ignatius' wichtigsten Mitarbeitern, war ihr Zuhause die Landstraße. Dies war eine totale Abkehr von der Art und Weise, wie ein Ordensleben bis zu jener Zeit geführt worden war! Die Angehörigen des neuen Ordens lebten nicht zurückgezogen, *abseits der Welt*. Statt sich in langen Stunden dem Gebet oder dem gemeinsamen Singen des Stundengebets zu widmen, wie es in allen anderen Orden Brauch war, wollten die Jesuiten durch ihr apostolisches Wirken Gott „*in der Welt*" finden.

Dieser Bruch mit den allgemein akzeptierten Regeln führte nicht nur zu Auseinandersetzungen mit den kirchlichen Autoritäten. Auch innerhalb der Gesellschaft Jesu selbst gab es Uneinigkeit. Einige von Ignatius' nachdrücklichsten Briefen musste er an Jesuiten richten, die sich langen Stunden täglichen Gebets sowie scharfer Bußdisziplin widmen wollten. Er sah sich sogar gezwungen, einen seiner ersten Gefährten, Simão Rodrigues, zurechtzuweisen und als Provinzial von Portugal ablösen zu lassen, da jener die alten Verhaltensweisen zuließ und sogar förderte.

Es ist offensichtlich, dass die Spannung zwischen dem Wunsch, durch das Gebet eins mit Gott zu werden, und jenem, dem Herrn durch ein sehr aktives Wirken zu dienen, schon sehr früh in der Geschichte der Gesellschaft Jesu zu Schwierigkeiten führte. Diese Spannung ist, wie wir in einem der nachfolgenden Kapitel sehen werden, auch in der Folge problematisch geblieben. Das Verlangen, zwischen Aktion und Kontemplation das rechte Maß zu finden, ist ein weiterer zentraler Punkt, in der jesuitischen Spiritualität in dieser Zählung der elfte.

Die ersten Jesuiten sahen sich als wandernde Verkünder der Frohen Botschaft. Da die Anzahl der Gefährten rasant anwuchs, bekam Ignatius bald Hilfegesuche aus ganz Europa. Die Bitte des Königs von Portugal, einige Jesuiten nach Indien zu schicken, führte im Jahr 1540 zur Entsendung Franz Xavers in jenes ferne **So wurden** Land, von wo aus er dann andere Gebiete Asiens **die Jesuiten** einschließlich Japan bereiste. Bald folgten ihm **zu Lehrern.** weitere Jesuiten in diese fernen Länder. Nach Brasilien kamen die ersten Jesuiten im Jahr 1546. In Kontakt blieb Ignatius mit diesen in entlegenen Gebieten verstreuten Männern durch einen Briefverkehr, dessen Volumen angesichts des Zeitaufwandes und der Schwierigkeiten des damaligen Postverkehrs überwältigend ist. Während seiner

16 Jahre als Generaloberer schrieb oder diktierte Ignatius beinahe 7.000 Briefe. Dies tat er, während er zugleich die *Satzungen* verfasste, einen blühenden jungen Orden leitete und ein zutiefst mystisches Gebetsleben pflegte. Er war selbst das Musterbeispiel für einen „kontemplativen Menschen in Aktion".

Eines der für die Gesellschaft Jesu bedeutsamsten Hilfegesuche kam vom Vizekönig Siziliens. Weil er überzeugt war, dass es der beste Weg sei, die Insel zu evangelisieren, bat er Ignatius, einige Männer nach Sizilien zu schicken, um dort eine Schule für Knaben zu gründen. Ignatius entschied sich für zehn seiner fähigsten Männer, die ihm zu dieser Zeit zur Verfügung standen, um das erste *Collegium* (zu vergleichen mit einem heutigen Gymnasium) für Laienschüler in der Geschichte der Gesellschaft Jesu zu gründen. Der Erfolg dieser Schule führte in allen Teilen Europas, Asiens und Südamerikas zu Gründungen weiterer Schulen. So wurden Jesuiten zu Schulmeistern und etablierten ein System von Schulen, das als einzigartiger Beitrag des Ordens zur Kirche und zur Kultur als Ganzem in die Geschichte eingegangen ist. Der Wunsch, zu lehren und zu unterweisen, ist das zwölfte Merkmal jesuitischer Spiritualität.

Eine schwerwiegende Folge hatte es jedoch, dass sich der Orden Jesu verstärkt der Bildung widmete: Mit der Gründung der Schulen konnten Jesuiten keine umherwandernde Gruppe von Missionaren mehr sein. Denn Schulen benötigten Stabilität: Geld muss stetig beschafft werden, Lehrer werden auf Dauer vor Ort gebraucht. Diese Anforderungen haben die Gesellschaft Jesu nachhaltig verändert. Die jesuitische Spiritualität verflocht sich immer enger mit den mächtigen und einflussreichen Führern und Institutionen. Ein weiteres Spannungsfeld tat sich auf: Jesuiten, deren Anspruch es war, kein festes Einkommen zu haben, mussten nun Stiftungen für ihre Schulen organisieren. Sie, die sozusagen auf Abruf lebten, mussten sich gleichzeitig in festen Institutionen etablieren. Und sie mussten versuchen, die Hingabe an das absolute Vertrauen auf Gott und das Eintauchen in anspruchsvolle Studien und das intellektuelle Leben ihres Zeitalters auszubalancieren.

Ohne Zwang

Ignatius und die ersten Jesuiten erkannten, dass sie Theologie und Spiritualität zusammenhalten mussten. Theologie und Spiritualität hatten im zwölften und dreizehnten Jahrhundert eine katastrophale Trennung erlitten. Im Spanien zu Ignatius' Zeiten machte sich diese Trennung im Ringen zwischen den Theologen (und damit auch der Inquisition) und den sogenannten *Alumbrados*, den Erleuchteten, bemerkbar.

Einige Theologen, insbesondere die spanischen Dominikaner Cano und Pedroche, beschuldigten Ignatius, von den Ideen der *Alumbrados*, und denen der Lutheraner infiziert worden zu sein. Der Grund dafür war Ignatius Forderung, dass die Leiter der geistlichen Übungen es unterlassen sollten, ihre Schützlinge zu einem Ordensleben zu drängen. Stattdessen sollten sie „unmittelbar den Schöpfer mit seinem Geschöpf wirken lassen" (EB 15). Zur selben Zeit, da die Jesuiten die Exerzitien gegen solcherlei Attacken verteidigten, befürworteten sie das seriöse Studium der Theologie. John O'Malley bringt es folgendermaßen auf den Punkt:

„Die Jesuiten wollten die scholastische Theologie in einer neuen Gestalt haben und sie auf die Erfordernisse ihrer Seelsorge ausrichten. Nadal drückt dieses Ideal kurz und knapp aus: „Spekulation mit Andacht und geistlichem Verstehen verbinde … Das ist unser Wunsch. Das ist das Fundament des Studienplans der Jesuiten."[2]

In anderen Worten: Die jesuitische Theologie will ganz aus der Gotteserfahrung heraus wachsen und zu einer tieferen Erfahrung hinführen. Niemand soll von außen gedrängt und beeinflusst werden. Dies ist das dreizehnte Merkmal, das diese Spiritualität ausmacht.

Halten wir fest: Im Leben eines Menschen, der die jesuitische Spiritualität lebt, gibt es viele Spannungen. Eine gibt es allerdings, die sich durch alle anderen hindurchzieht: diejenige zwischen der tiefen Hingabe an konkretes Handeln in der Welt und der Offenheit gegenüber neuen Impulsen von Gottes Seite. Ignatius und seine Gefährten empfanden diese Spannung – das vierzehnte Merkmal der jesuitischen Spiritualität – sehr stark. Ignatius Hingabe zur Pilgerschaft und seine Entschlossenheit, in Jerusalem zu bleiben, war pures Handeln. Seine Bereitschaft, diesen Entschluss aufzugeben, als er sich dem anderslautenden Befehl eines Oberen gegenübersah, zeigte seine Offenheit gegenüber neuen Impulsen.

Leicht ist ihm das sicher nicht gefallen, mit den unvermeidlichen Verlusten, die solche Polaritäten mit sich bringen, umzugehen. Doch mit

---

2   O'Malley, Die ersten Jesuiten, S. 284

Übung fiel es Ignatius immer leichter, sich frohen Herzens Gott anzuvertrauen. Als er einmal gefragt wurde, wie lange er brauchen würde, um sich mit der Auflösung der Gesellschaft Jesu abzufinden, antwortete er, er glaube, mit diesem Verlust seines Lebenswerks in fünfzehn Minuten des Gebets fertig werden zu können.[3] Dies war wohlgemerkt keine akademische Frage gewesen; die Möglichkeit der Auflösung bestand während der ersten Jahre durchaus.

Unmittelbar nach Ignatius' Tod hätten die Spannungen innerhalb der jesuitischen Spiritualität sein Lebenswerk beinahe zerstört oder zumindest irreparabel beschädigt. Nicolà Bobadilla, einer der ersten zehn Gefährten, welcher sich oft an Ignatius' Autorität gerieben hatte, verfügte über großen Einfluss bei Papst Paul IV. Dieser nahm eine extrem ambivalente Haltung gegenüber Ignatius und der Gesellschaft ein. Die erste Generalkongregation der Gesellschaft Jesu, die 1558 abgehalten wurde, um einen neuen Generaloberen zu wählen, stand im Schatten des Misstrauens von Seiten des Papstes, ein Misstrauen, das zumindest teilweise von Bobadilla geschürt wurde. Auch Simão Rodrigues ergriff zunächst Partei für Bobadilla. Paul IV. befahl den Jesuiten, zur klösterlichen Form des Stundengebets, also des Gebets zu festen Zeiten, zurückzukehren und verbot dem neugewählten Generaloberen, Diego Laínez, einem der ersten zehn Gefährten Loyolas, dieses Amt länger als drei Jahre lang auszuüben. So sollte die „autokratische" Herrschaft verhindert werden, die angeblich Ignatius' Amtszeit als Generaloberer gekennzeichnet hatte. Nicht nur dies war Sprengstoff. Die Jesuiten selbst waren sich während der Versammlung bei mehreren Themen uneinig. Doch der Jesuitenorden erwies sich als stark, am Ende wurde die Krise gemeistert.

Sicher hat auch dazu beigetragen, dass die Spiritualität der Gesellschaft Jesu selbst gute Menschen in starke Auseinandersetzungen führen kann – und dass sie es verkraftet. Dieses Verständnis ist das fünzehnte und letzte Merkmal der jesuitischen Spiritualität, das wir in diesem Kapitel behandeln wollen.

Tiefgreifende Dispute haben auch in darauffolgenden Jahren die Gesellschaft Jesu immer wieder erschüttert. Auch in unserer Zeit haben die Spannungen innerhalb der jesuitischen Spiritualität zu tiefen Meinungs-

---

[3] Wir werden mehr zu dieser besonderen Form der Spannung sagen, wenn wir den ignatianischen Begriff der Indifferenz zu verstehen versuchen.

verschiedenheiten zwischen Jesuiten geführt. Einige Jesuiten halten Pedro Arrupe, den Generaloberen, der die Gesellschaft in den Jahren vom Zweiten Vatikanischen Konzil bis hin zu seinem Ruhestand im Jahr 1983 geführt hatte, für einen der größten Generaloberen aller Zeiten. Andere sehen in ihm das Symbol, wenn nicht sogar die Ursache für den Verlust von allem, das sie in ihrem Leben als Jesuiten gekannt und geliebt hatten – und zwar durch die Veränderungen, die vom Zweiten Vatikanischen Konzil sowie den Generalkongregationen 31 und 32 angestoßen wurden. Auch hier wird wieder klar, dass gute Jesuiten selbst heutzutage in starke Meinungsverschiedenheiten geraten können. Es wäre im Angesicht von solcherlei Kontroversen ein einfaches, die eine oder andere der Parteien zu dämonisieren, doch oftmals entstehen solche Auseinandersetzungen genau dadurch, dass sich die jeweiligen Widersacher nicht bewusst sind, dass sich die Spannung auf beiden Seiten des Disputs durch die Herzen der Menschen zieht. Doch genau diese Spannung kann eine Quelle von lebensspendender Kreativität sein.

2. „In Ihm Allein"

Die Spannung zwischen Gottvertrauen und dem Einsatz der eigenen Fähigkeiten

Ohne Gottvertrauen ist ein Wirken in der Gesellschaft nicht möglich. Ohne Vertrauen in die eigenen Fähigkeiten aber auch nicht. Irgendwo zwischen dem übermäßigen Stolz auf die eigenen Fähigkeiten und der Versuchung, alles in Gottes Hände zu legen und sich in den Mystizismus zurückzuziehen, liegt der richtige Weg.

Ignatius beginnt den 10. Hauptteil der *Satzungen* mit diesen Worten:
„Weil die Gesellschaft, die nicht mit menschlichen Mitteln errichtet worden ist, mit ihnen weder bewahrt noch gemehrt werden kann, sondern nur durch die allmächtige Hand Christi unseres Gottes und Herrn, ist es notwendig, auf ihn allein die Hoffnung zu setzen, dass er selbst bewahren und voranführen müsse, was er zu seinem Dienst und Lobpreis und zur Hilfe für die Seelen anzufangen sich gewürdigt hat. Und gemäß dieser Hoffnung wird das erste und entsprechendste Mittel das der Gebete und Messopfer sein, die in dieser heiligen Intention geschehen sollen, indem sie dafür jede Woche, jeden Monat und jedes Jahr in allen Gebieten, wo die Gesellschaft wohnt, angeordnet werden."

(Satzungen 812)

Ignatius schreibt auch über die Haltungen, welche die Jesuiten mit Gott verbinden, wie zum Beispiel „Güte und Tugend, und besonders die tätige Nächstenliebe und die lautere Absicht des göttlichen Dienstes und die Vertrautheit mit Gott unserem Herrn in geistlichen Übungen der Andacht und, ohne irgendein anderes Interesse, der aufrichtige Eifer für die Seelen um der Verherrlichung dessen willen, der sie geschaffen und erlöst hat" (Satzungen 813). Diese Worte zeigen: Wie jede christliche Spiritualität beruht auch die jesuitische Spiritualität auf Gottvertrauen, es ist die Basis für jede Beziehung zu Gott. Doch Gottvertrauen ist nicht alles. Ignatius schreibt weiter:

Die Basis jeder Spiritualität ist Gottvertrauen.

„Auf diesem Fundament werden die natürlichen Mittel, die das Werkzeug Gottes unseres Herrn gegenüber den Nächsten bereiten, allgemein zur Bewahrung und Mehrung dieses ganzen Leibes helfen, wofern man sie allein um des göttlichen Dienstes willen erlernt und ausübt, nicht um auf sie zu vertrauen, sondern um mit der göttlichen Gnade nach der Ordnung

der höchsten Vorsehung Gottes unseres Herrn mitzuwirken, der durch das verherrlicht sein will, was er als Schöpfer gibt, nämlich das Natürliche, und durch das, was er als Urheber der Gnade gibt, nämlich das Übernatürliche. Und so soll man sich um die menschlichen oder erworbenen Mittel mit Sorgfalt bemühen, besonders die gegründete und solide Lehre und eine Weise, sie dem Volk in Predigten und Vorträgen vorzulegen, und eine Form, mit den Leuten umzugehen und zu verkehren."

(Satzungen 814)

Für Ignatius braucht ein Mensch also beides: Neben dem Gottvertrauen auch die Ausbildung von Fähigkeiten, damit er Gottes Willen auf Erden nützlich sein kann. Doch wie passen Gottvertrauen und aktiver Einsatz der eigenen Kenntnisse im Dienste Gottes unter einen Hut? Die sorgsam formulierten Zitate zeigen, wie klar sich Ignatius der Spannungen bewusst war, die die Spiritualität seiner neuen Ordensgemeinschaft prägten: Er unterstreicht die Wichtigkeit der spirituellen Haltung, denn er wusste sehr gut um die Schwierigkeit, die talentierten und ehrgeizigen Männer, die von der Gesellschaft Jesu angezogen wurden, auf einen guten Weg zu bringen.

Auch am eigenen Leib hatte Ignatius die Spannung zwischen dem „geoffenbarten", mystischen Wissen einerseits und dem gründlichen Studium nach Lehrplan andererseits kennengelernt. Wie wir gesehen haben, wurden Ignatius während seiner Zeit in Manresa außerordentliche mystische Einblicke zuteil, die seiner Beschreibung nach alles übertrafen, was er in seinem späteren Leben erfahren sollte. Was er von Gott und über Gottes Wege gelernt hatte, wollte er mit anderen teilen. Es muss ihm einiges abverlangt haben, als die spanische Inquisition zwar keinerlei Fehler in seinen Lehren erkannte, ihm aber dennoch verboten wurde, über moralische Fragen zu reden. Um seine Gotteserfahrung anderen Menschen mitteilen zu dürfen, musste er erst studieren. Nur so konnte er den „Seelen helfen". Nach ersten Versuchen in Spanien begab er sich an die Universität zu Paris, wo die Studienmethoden den spanischen weit überlegen waren – sein Leben lang lobte er die dortigen Lehrmethoden.

Gott zu vertrauen stand für Ignatius immer an erster Stelle.

Aus seinen Erfahrungen lernte Ignatius, auf Gott zu vertrauen, aber auch ebenso alle notwendigen Wege zu nutzen, um Gottes Botschaft zu vermitteln. Gott zu vertrauen stand für Ignatius jedoch immer an erster Stelle.

Gelehrt oder heilig?

Es ist nicht einfach, dem Gottvertrauen den ihm zukommenden Stellenwert zu geben – vor allem, wenn jemand Jahre damit verbracht hat, Wissen zu erlangen und die Fähigkeit des Lehrens zu erwerben. Dann ist die Gefahr groß, dass er irgendwann mehr auf das eigene Wissen und die eigenen Fähigkeiten vertraut als auf Gott.

Auch die gegenteilige Gefahr besteht: dass einer die Studien aufgibt, um nur noch auf Gott zu vertrauen. Er könnte sagen: „Wenn ich aufhöre, mir immer mehr Wissen anzueignen, dann werde ich nicht in Versuchung geraten, auf meine eigenen Leistungen stolz zu sein." Genau dies ist die Versuchung der *Alumbrados*, der „Erleuchteten" aller Zeitalter. Diese Haltung führt allzu oft zum sturen Beharren auf den eigenen „mystischen Gnadengaben". Dies ist eine der Untiefen, welche die jesuitische Spiritualität vermeiden muss. Teresa von Avila, die die jesuitischen Beichtväter sehr schätzte, hatte offenbar ihre Erfahrung mit dieser weltabgewandten Haltung gemacht. Sie bemerkte einmal, dass sie, wenn sie zwischen einem gelehrten und einem heiligen Beichtvater wählen müsste, den gelehrten vorziehen würde. Diese Bemerkung lässt auf sehr viele schlechte Ratschläge schließen, die ihr von den Realitäten entrückten Beichtvätern gegeben wurden; sicher hoffte sie einen zu finden, der beide Eigenschaften in sich vereinte.

Es ist wahrscheinlich, dass Ignatius die andere Untiefe – nämlich das blinde Vertrauen in die eigenen Fähigkeiten und die Ausbildung – als bedrohlicher einschätzte. Die Ausschnitte aus den *Satzungen,* die am Anfang dieses Kapitels zitiert wurden, sprechen dafür. Tatsächlich mussten sich die Jesuiten vor zu großem Stolz stets hüten. Es ist nicht so, als würden sie all ihre Fähigkeiten und ihr erworbenes Wissen nicht benötigen. Doch es besteht die Gefahr, dass sie nicht nur darauf vertrauen, sondern sich zu sehr auf sie verlassen. Um beiden Gefahren aus dem Wege zu gehen, muss eine Balance zwischen übermäßigem Stolz auf die eigenen Fähigkeiten und ausuferndem Mystizismus gefunden werden. Wie kann das gelingen?

Zeit der Erkenntnis

Ignatius war überzeugt, dass Jesuiten eine lange und intensive Ausbildung und Herzensbildung benötigen, um zu diesem Gleichgewicht zu finden. Und zwar nicht nur eine theoretische, sondern vor allem auch eine praktische Ausbildung. Das jesuitische Noviziat besteht deshalb im Wesentlichen aus den sogenannten „Experimenten". Dies sind drei ganz unterschiedliche Erfahrungsräume, in denen die angehenden Jesuiten zeigen sollen, was in ihnen steckt. Das erste Experiment sind die Dreißigtägigen Exerzitien. In diesen Exerzitien werden durch Schweigen und Einsamkeit geradezu Laborbedingungen geschaffen, in denen der Novize gezwungen ist, sein vermeintliches Vertrauen auf Gott einer Prüfung zu unterziehen. Er muss seinem Eigensinn, seiner Sündhaftigkeit, seinen Ängsten und Unsicherheiten aber auch seinen Stärken ins Auge blicken, mit wenigen bis gar keinen Möglichkeiten, sich von dieser Selbstkonfrontation vor Gott abzulenken.

> Genauso wichtig wie die Ausbildung ist die Herzensbildung.

Von der betenden Zwiesprache mit Gott abgesehen wird das Stillschweigen nur für die täglichen Treffen mit dem Exerzitienbegleiter unterbrochen. Dieser ist ausgebildet worden, sich nicht inhaltlich einzumischen, und „unmittelbar den Schöpfer mit seinem Geschöpf und das Geschöpf mit seinem Schöpfer und Herrn wirken lassen." (EB 15) Während der Exerzitien soll der Novize die Regungen und Bewegungen seiner Seele erleben, die ihn aufwühlen und herausfordern. Er muss lernen zu unterscheiden, welche dieser Regungen von Gott stammen und welche nicht und sein Vertrauen auf diese Unterscheidung setzen. Er muss lernen, dass Glaube an Gott bedeutet, seinen Unterscheidungen zu trauen und danach zu handeln. Dieses Experiment der Dreißigtägigen Exerzitien ist das Herzstück der Noviziatserfahrung.

Weil Ignatius glaubte, dass der Novize auf ganz verschiedene Weisen üben muss, Gott zu vertrauen, ist dieses Experiment nicht das einzige. Eine der schwersten Prüfungen – zumindest damals – war das zweite Experiment: die Zeit im Spital. Einen Monat lang musste der Novize dort arbeiten. Zu Ignatius' Zeit waren Spitäler gefährliche Orte. Hygiene und sanitäre Einrichtungen waren praktisch unbekannt; Städte und Dörfer wurden regelmäßig von Seuchen heimgesucht. Wer der Pest aus dem Weg gehen wollte, mied die Spitäler. Doch Ignatius ließ diese Prüfung mit all ihren Erfahrungen direkt auf die Phase der Großen Exerzitien folgen. Viele Novizen kamen aus den Spitälern nicht zurück. Manche starben, andere hielten es nicht aus und gaben auf.

> Wer die Pest fürchtete, mied die Spitäler.

Als drittes Experiment schloss sich ein Monat der Pilgerschaft an. Während dieses Monats musste der Novize ohne jedes Geld von einem Ort zum anderen gelangen und dabei seinen Unterhalt erbetteln. Auf diese Weise, schreibt Ignatius, kann der Novize sich daran gewöhnen,

„schlecht zu essen und schlecht zu schlafen, auch um alle Hoffnung, die man auf Geld oder auf andere geschaffene Dinge richten könnte, aufzugeben und sie mit wahrem Glauben und inständiger Liebe vollständig auf seinen Schöpfer und Herrn zu setzen".

(Satzungen 67).

Während der Zeit im Novitiatshaus übt sich der angehende Jesuit „in verschiedenen einfachen und demütigen Ämtern" (Satzungen 68) („demütig" bedeutet hier nicht, jemanden zu demütigen, sondern die innere Demut zu entfalten), erteilt Katechismusunterricht für Kinder oder übernimmt andere Aufgaben. Das Noviziat der Jesuiten sollte kein Ort für ängstliche und verzagte Menschen sein. Es erlaubte keinen Rückzug von den Härten des Lebens, um Gebet und Gehorsam zu erlernen, sondern diente vielmehr als eine Art strenges Testlabor. Es sollte sicherstellen, dass der Novize das Potenzial hatte, zu einem Jesuiten heranzureifen, der mit den Spannungen der jesuitischen Spiritualität umgehen konnte.

Erst nach insgesamt zwei Jahren begann ein angehender Jesuit mit den Studien, die ihn zu einem fähigen Instrument für den Dienst an Gott und den Menschen machen sollten. Diese Studien beanspruchten über einen längeren Zeitraum hinweg den Großteil seiner Energie. Ignatius wusste aus eigener Erfahrung, dass eine so lange Studienzeit das Gottvertrauen und die leidenschaftliche Hingabe schwächen konnte. Daher entwarf er eine dritte „Probezeit", ähnlich dem Noviziat, die er die „Schule des Strebens" nannte. Im jesuitischen Sprachgebrauch ist die erste Probezeit eine Zeit, die dem Noviziat vorausgeht und „Postulat" genannt wird, die zweite ist das Noviziat selbst, und die Zeit nach dem Studium ist die dritte Probezeit. Aus diesem Grund wird diese Zeit „Terziat" genannt. Im Terziat durchlebt der Jesuit ein weiteres Mal die Dreißigtägigen Exerzitien und ähnliche Erfahrungen in verschiedenen Feldern wie während des Noviziats: Er macht ein Praktikum im Krankenhaus oder lebt unter armen Menschen. In den Satzungen schreibt Ignatius:

„Dafür wird es für die, welche zum Studium geschickt worden waren, nützlich sein, sich in der Zeit der letzten Prüfung, nach Beendigung des Eifers und der Sorge für die Ausbildung des Verstandes, der Schule des Strebens zu widmen und sich in geistlichen und leiblichen Dingen zu

*üben, die einem mehr Demut und Verleugnung aller sinnlichen Liebe
und allen eigenen Willens und Urteils und mehr Erkenntnis und Liebe
Gottes unseres Herrn verursachen können, damit sie, nachdem sie für
sich selbst Fortschritte gemacht haben, besser andere zu Verherrlichung
Gottes unseres Herrn fördern können."*

(Satzungen 516)

Wenn der junge Jesuit diese Zeitspanne durchlaufen hat, ist er bereit, vom Generalsuperior zu den ewigen Gelübden gerufen zu werden. Es wird erwartet, dass er bis dahin ausreichend Erfahrung gesammelt hat, um mit den Spannungen in der jesuitischen Spiritualität umzugehen. Er sollte jetzt in der Lage sein, bei all seinem Tun auf Gott zu vertrauen, aber ebenso alle seine Talente und Fähigkeiten angstfrei und mit Hingabe einzusetzen.

Loslassen können

„Bete, als hänge alles von Gott ab; arbeite, als hänge alles von dir ab." Dieser Sinnspruch wird häufig mit Ignatius in Verbindung gebracht. Er steht jedoch in keinem seiner Werke geschrieben. In einer Sammlung von Sprüchen, die Ignatius zugeschrieben werden, gibt es einen, der diesen Aphorismus inspiriert haben könnte, doch seine Bedeutung ist das genaue Gegenteil. Frei übersetzt liest er sich in etwa so: „Bete, als hänge alles von dir ab; arbeite, als hänge alles von Gott ab." Diese Übersetzung passt besser zu Ignatius' dynamischer Spiritualität und verdeutlicht noch einmal, wie er das Verhältnis von Gottvertrauen und Vertrauen in sich selbst sah.

Der ignatianischen Spiritualität zufolge beten wir, weil das, was wir tun werden, wichtig und entscheidend ist. Unsere Handlungen sind entweder mit Gottes Absicht im Einklang oder nicht. Und wir wollen sicher gehen, dass ersteres der Fall ist. Darum beten wir inständig um Gottes Licht und Weisung, während wir uns fragen, was zu tun ist. Nachdem wir entdeckt haben, wie wir im Einklang mit Gott handeln können, geben wir uns in völligem Vertrauen auf Gott dieser Handlung hin, um Gottes Willen wirklich werden zu lassen. Auch Ignatius ging auf diese Weise vor: Auf der Suche nach göttlicher Bestätigung für seine Entscheidung, in welchem Maß die Gesellschaft Jesu arm sein sollte, verbrachte er lange Stunden im Gebet. Er wollte keinen Fehler machen, denn er war überzeugt, dass diese Entscheidung von maß-

Ist unsere Entscheidung einmal getroffen, dürfen wir das Weitere getrost Gott überlassen.

geblicher Bedeutung für den Orden sei. Nachdem er seine Entscheidung aber getroffen hatte und er aus der „Unterscheidung der Geister" heraus begann zu agieren, konnte er den Erfolg des Unterfangens Gott überlassen. Seine Entscheidungen traf er also sehr gewissenhaft; sobald sein Part jedoch erfüllt war, legte er alles Weitere getrost in Gottes Hände. Nur aus dieser Haltung heraus konnte er später einmal sagen, dass er im Falle der Auflösung der Gesellschaft nicht mehr als fünfzehn Minuten benötigen würde, um wieder zu innerem Frieden zu finden.

Ausbalanciert

Die Spannung zwischen den Polen Gottvertrauen und Bauen auf eigene Talente und Einsichten kann nur dann kreativ und lebensstiftend sein, wenn in einem Menschen tatsächlich beide Arten des Vertrauens existieren. Doch leicht tritt eine von ihnen in den Hintergrund. So wäre es beispielsweise nicht im Einklang mit der ignatianischen Spiritualität, wenn einer bei der Vorbereitung einer Predigt so sehr auf Gott vertraut, dass er darauf verzichtet, wissenschaftliche Kommentare für die fragliche Bibelstelle heranzuziehen. Ein anderes Beispiel: Als Ignatius anfing zu studieren, fand er sich durch den großen Trost, den er in der Beziehung zu Gott erfuhr, vom Lernen abgelenkt. Er erkannte, dass dieser Trost möglicherweise eine Versuchung unter dem Schein des Guten war, ihn von den Studien abzuhalten, die doch notwendig waren, um den Seelen besser helfen zu können.

Dass ein Jesuit in die andere Richtung verleitet wird, also zu viel Vertrauen in die eigenen Projekte und Pläne setzt, ist jedoch viel wahrscheinlicher. Dieser Stolz betrifft nicht nur den Einzelnen. Auch so etwas wie ein übermäßiger Stolz auf die Leistungen des Ordens droht sich zu entwickeln. Dieser führt dazu, dass Gottvertrauen nur noch ein Lippenbekenntnis ist. Ein Beispiel soll hier genügen. Als Clemens XIV. kurz davor stand, die Gesellschaft Jesu aufzulösen, hielt ein angesehener Jesuit vor der Jesuitenkommunität in Rom eine Mahnrede. Sein gesamter Vortrag strotzte nur so von unverhohlenem Lob auf die Gesellschaft Jesu. Der Generalobere, Lorenzo Ricci, befahl dem Redner, ihm den Text zu übergeben. Ricci zerriss das Manuskript und übte heftige Kritik an dem übergroßen Stolz des Redners.

Wenn Gottvertrauen nur noch ein Lippenbekenntnis ist.

Ein weiterer Ricci Matteo (1552–1610), der berühmte „Apostel Chinas", ist das Beispiel eines Jesuiten, der großes Gottvertrauen und die Ausübung seiner Fähigkeiten in Einklang zu bringen vermochte. Er war ein hochgelehrter Mathematiker und ein Sprachgenie, der das chinesische Volk durch Überzeugung und nicht durch Zwang konvertieren wollte. Während seiner Jahre in China verfasste er etwa zwanzig Bücher, von denen einige heute noch als Klassiker der chinesischen Wissenschaft und Literatur gelten. Und doch bescheinigten ihm all seine Mitbrüder die größte Bescheidenheit und Heiligkeit. Der Einfluss Matteo Riccis wirkt bis in die heutige Zeit fort: Während des Zweiten Vatikanischen Konzils baten die anwesenden chinesischen Bischöfe den Papst einstimmig, seinen Seligsprechungsprozess einzuleiten.

Bete, als hänge alles von dir ab; arbeite, als hänge alles von Gott ab – das korrekte Verständnis des oben zitierten Spruchs, der Ignatius zugeschrieben wird, lässt uns erahnen, wie kreativ und lebensstiftend die Spannung zwischen dem Vertrauen auf Gott und dem Vertrauen auf die eigenen Talente sein kann. Doch wie Ignatius in den Satzungen schreibt, ist es erforderlich, dass die Jesuiten alle Anstrengungen unternehmen, um „das Werkzeug mit Gott zu verbinden" (Satzungen 813). Dies führt uns zum nächsten Kapitel, in dem wir die Spannung zwischen Gebet und Handlung – oder anders gesagt: zwischen Kontemplation und Aktion – betrachten wollen. Sie ist der eigentliche Kern der ignatianischen und jesuitischen Spiritualität.

3. „Fruchtbare Arbeit"

Die Spannung zwischen Beten und Handeln

Jesuiten und diejenigen, die ihre Spiritualität leben, bestimmen selbst, wie ausführlich sie sich dem Gebet widmen wollen. Dem einen reichen 15 Minuten am Tag, der andere braucht Stunden, um sich mit Gott zu verbinden. Im Kontrast zur inneren Einkehr steht dabei immer das aktive Tun, also die gelebte Sehnsucht, anderen zu helfen. Diese Spannung zwischen Gottes- und Nächstenliebe, zwischen Beten und Handeln bestimmt den Alltag – und die Weltsicht der Jesuiten.

Nach dem Terziat legt ein Jesuit die ewigen Gelübde ab. Seine Ausbildung liegt hinter ihm. Welches Verhalten, was das tägliche Gebet betrifft, schreiben ihm nun die Ordensregeln vor? Erstaunlicherweise überlässt Ignatius in den *Satzungen* die Entscheidung, wieviel Zeit einer dem Gebet widmen will, dem Betreffenden selbst:

„Weil aufgrund der Zeit und Billigung ihres Lebens, die man für die Zulassung zur Profess … vorausgesetzt wird, dass sie geistliche Menschen und vorangekommen sein werden, um auf dem Weg Christi unseres Herrn zu eilen, sosehr ihre leibliche Verfassung und äußere Beanspruchungen der Liebe und des Gehorsams es erlauben, scheint es, man solle ihnen in Bezug auf das Gebet, die Betrachtung und das Studium sowie die leibliche Übung in Fasten, Wachen und sonstigen Härten und Bußübungen keine andere Regel geben, als welche die kluge Liebe ihnen geböte, wofern nur stets der Beichtvater und, im Zweifel darüber, was angebracht ist, auch der Obere unterrichtet wird. Nur dies soll allgemein gesagt werden, dass man darauf achten muss, dass weder der übertriebene Gebrauch dieser Dinge die leiblichen Kräfte so sehr schwächt und die Zeit beansprucht, dass sie für die geistliche Hilfe für die Nächsten entsprechend unserem Institut nicht ausreichen; noch dass darin umgekehrt so sehr nachgelassen wird, dass der Geist erkaltet und sich die menschlichen und niedrigen Leidenschaften erhitzen."

(Satzungen 582)

Ein ausgebildeter Jesuit darf nach seiner Ausbildung also selbst das Maß bestimmen, in welchem er sich dem Gebet und der Askese widmet. Das ist das, was Ignatius dem Einzelnen zutraut. Andere Orden sind da viel strenger! Wie kommt es, dass die Vorschriften bei den Jesuiten scheinbar so

Ignatius erwartet von einem Jesuiten, dass er maßvoll sei.

lax sind? Ignatius' Hauptanliegen ist es sicherzustellen, dass ein ausgebildeter Jesuit nicht durch übermäßige spirituelle Beschäftigung sein apostolisches Werk vernachlässigt – das Verlangen nach Gott soll ihn nicht davon abhalten, im Weinberg Gottes zu arbeiten. Zwar soll er Gott in allen Dingen finden, dies vor allem aber in seinem Werk am Nächsten. Auf die Möglichkeit, dass der Wunsch nach Gemeinsamkeit mit Gott im Gebet *zu gering* sein könnte – so dass „der Geist erkaltet" – weist Ignatius zwar auch hin, doch scheint dies nur ein Nebengedanke zu sein. Er vertraut auf die Unterscheidungsfähigkeit seiner Gefährten. Im Folgenden werden wir uns tiefer mit der von Ignatius gewollten Freiheit des Individuums und der Gemeinschaft hinsichtlich der Gebetsweisen und -zeiten auseinandersetzen. Denn sie ist einer der Schlüssel zur jesuitischen Spiritualität.

Zu viel des Guten

Ignatius' Vorschrift, oder besser noch: der Mangel an Vorschrift bezüglich des Gebets, wurde schon zu seinen Lebzeiten kontrovers diskutiert. Es gab Jesuiten, die exzessiv beteten, und solche, die in den Augen ihrer Zeitgenossen viel zu wenig beteten. Den Konflikt mit Simão Rodrigues und einigen portugiesischen und spanischen Jesuiten, die jeden Tag viele Stunden im Gebet verbrachten und sich geradezu bizarren Bußübungen hingaben, haben wir bereits angesprochen. Auch in seinen Briefen an den später heiliggesprochenen Franz Borja, einen spanischen Adeligen, der nach dem Tod seiner Frau dem Jesuitenorden beitrat, musste Ignatius Mäßigung predigen. Andererseits rief Papst Paul IV. in einem Gespräch mit dem zweiten Generaloberen, Diego Laínez, aus: „Wehe Dir, so du nicht betest! Verdammt seien Deine Lehren, für die das Stundengebet vernachlässigt wird."

Als Borja im Jahr 1565 zum dritten Generaloberen gewählt wurde, setzte er sich mit seiner Vorstellung zunächst durch. Er bat die Generalkongregation, dass zusätzlich zur täglichen Messe und den zwei Übungen zur Gewissenserforschung ein tägliches Gebet von einer Stunde vorgeschrieben wurde. Erst die 31. Generalkongregation 1965–66 kehrte zu einer Regelung zurück, die der ursprünglichen Anweisung in den *Satzungen* näher stand.

> Ignatius hielt nichts von bizarren Bußübungen.

„Daher soll die Regel über die eine Stunde des Gebets entsprechend den verschiedenen Verhältnissen und jeweiligen Bedürfnissen unter Leitung des Oberen an die einzelnen angepasst werden in jener unterschei-

denden Liebe, die der hl. Ignatius in den Satzungen so deutlich betont. (31 Generalkongregation, Dekret 14.11.)

Viele tun sich ohne genaue Vorgaben schwer, ein gutes Maß zu finden. Ignatius wusste das, trotzdem bestand er auf dieser Freiheit. Sein scheinbares Laissez-faire, wenn es darum geht, den Mitgliedern seines Ordens Frömmigkeitsübungen konkret vorzuschreiben, erscheint merkwürdig. Schließlich gab er doch, wie im vorherigen Kapitel beschrieben, den spirituellen Haltungen ganz klar den Vorrang. Um dieses Paradox zu verstehen, rufen wir uns in Erinnerung, wie Ignatius selbst lebte.

Gefährliche Ablenkung

Ignatius selbst betete wirklich gerne und erwartete von anderen das Gleiche. Für ihn war es selbstverständlich, dass ausgebildete Jesuiten, trainierten Rennpferden gleich, es kaum abwarten können, endlich ins Rennen zu gehen – ein Rennen, dessen Ziel die umfassende Bindung zu Gott ist. Er selbst und seine Gefährten lebten so. Ihr starkes Verlangen lieferte ihnen den Antrieb für ein spirituelles Leben. Daher ging er davon aus, dass alle, die ihnen nachfolgten, das gleiche starke Verlangen, denselben starken Ehrgeiz hatten, ihr Ego zu überwinden, um eins zu werden mit Gott.

Ignatius hatte aber auch die Schattenseiten dieser Sehnsucht kennengelernt. Zu Beginn seines Weges hatte er ein solches Verlangen nach umfassender Bindung zu Gott verspürt, dass er seinem Körper durch Askese bleibenden Schaden zugefügt hatte. Sogar zu den wenigen Stunden Schlaf, die er sich zugestanden hatte, kam er nicht; die große Erleuchtung und der große Trost, die er verspürte, ließen ihn auch dann hellwach sein, wenn er zu Bett gehen wollte. In Manresa, wo er jeden Tag viele Stunden im Gebet verbrachte, enttarnte er dies schließlich als Versuchung unter dem Schein des Guten.[1] Ihm war bewusst geworden, dass der „Feind der menschlichen Natur" sich dieses eigentlich heiligmäßige Verlangen für seine eigenen Zwecke zunutze machen konnte.

> Durch Askese hatte Ignatius seinem Körper bleibenden Schaden zugefügt.

---

[1] Vgl. Bericht des Pilgers 54; Ignatius von Loyola, Gründungstexte der Gesellschaft Jesu, Knauer 1998, Echter S. 252

41

Als er von seiner Pilgerreise nach Jerusalem zurückgekehrt war, geschah ihm dasselbe noch einmal: In Barcelona bereitete er sich auf das Studium vor und sah sich durch eine Flut von geistlichen Einsichten und geistlichem Trost vom Lernen abgehalten Daraufhin versprach er seinem Lehrer, alle Anforderungen zu erfüllen, komme was wolle.[2] Ignatius wusste also aus persönlicher Erfahrung, dass der „böse Geist" ein spirituelles Verlangen dazu missbrauchen kann, den Menschen von dem Weg abzubringen, der eigentlich Gottes Willen entspricht.

Diese Enttarnung von übermäßiger spiritueller Betätigung als nicht unbedingt von Gott gewollt ist der eine Baustein, der zu der milden Vorschrift führte. Es gibt jedoch noch einen zweiten.

Sich im Tun hingeben

Die Gesellschaft Jesu wurde als apostolischer Orden gegründet, als Gemeinschaft, die ihre Aufgabe im Handeln sieht. Die genaue Zielstellung wird in der *formula instituti* erläutert, die von den Päpsten Paul III. und Julius III. genehmigt wurde:

„Er (ein Jesuit) ... soll sich ... dessen bewußt werden, dass er Teil einer Gesellschaft ist, die vornehmlich dazu errichtet worden ist, um besonders auf die Verteidigung des Glaubens und den Fortschritt der Seelen in christlicher Lebensführung und Lehre abzuzielen durch öffentliche Predigten, Vorträge und jedweden anderen Dienst des Wortes Gottes und die Geistlichen Übungen, die Unterweisung von Kindern und einfachen Menschen im Christentum, die geistliche Tröstung der Christgläubigen durch Beichthören und die Verwaltung der übrigen Sakramente." (Formula instituti 1)

Mit anderen Worten: Die Aufgabe der Jesuiten ist es, „Menschen für andere" zu sein – dies ist die Formel, auf die es der frühere Generalobere Pedro Arrupe brachte. Auffallend ist, dass in dieser Zielstellung nirgends das spirituelle Wohlergehen der Mitglieder selbst erwähnt wird. Das „Generalexamen", welches Kandidaten vorgelegt wird, formuliert es genauer: *„Das Ziel dieser Gesellschaft ist, sich nicht nur mit der göttlichen Gnade der Rettung und Vervollkommnung der eigenen Seelen zu widmen, son-*

[2] Vgl. Bericht des Pilgers 54; Ignatius von Loyola, Gründungstexte der Gesellschaft Jesu, Knauer 1998, Echter S. 48f

dern sich mit derselben Gnade inständig zu bemühen, zur Rettung und Vervollkommnung der Seelen der Nächsten zu helfen."

(Satzungen 3)

Ignatius erkannte, dass das spirituelle Wohlergehen des Jesuiten und das spirituelle und leibliche Heil derjenigen, für die er im Dienst steht, Hand in Hand gehen. Denn: *Nemo dat quod non habet* – „Niemand gibt von dem, was er nicht hat". Als Latein noch die Sprache des Alltags war, war dies eine in jesuitischen Noviziaten sehr beliebte Maxime. Um dem Heil und der Vervollkommnung anderer Menschen dienen zu können, musste den Jesuiten das eigene spirituelle Wohlergehen am Herzen liegen. Oder anders gesagt: Um ihre apostolische Aufgabe erfüllen zu können, mussten sie sich auch mit ihrem eigenen Heil und ihrer eigenen Vervollkommnung beschäftigen – also wirklich das sein, wozu sie sich bekannten: Menschen, die sich aus der Tiefe ihres Herzens nach einer vollkommenen Vereinigung mit Gott sehnen.

Niemand kann etwas geben, das er nicht hat.

Und genau das ist der Punkt: Jesuiten müssen ihre Sehnsucht nach langen Gebetszeiten also nicht nur um ihrer selbst willen zügeln, sondern auch um der Bedürfnisse der anderen Menschen willen. So wie es schon der heilige Paulus in seinem Brief an die Philipper (Philipper 1,21–26) beschrieben hatte:

„Denn für mich ist Christus das Leben, und Sterben Gewinn. Wenn ich aber weiterleben soll, bedeutet das für mich fruchtbare Arbeit. Was soll ich wählen? Ich weiß es nicht. Es zieht mich nach beiden Seiten: Ich sehne mich danach, aufzubrechen und bei Christus zu sein – um wieviel besser wäre das! Aber euretwegen ist es notwendiger, dass ich am Leben bleibe. Im Vertrauen darauf weiß ich, dass ich bleiben und bei euch allen ausharren werde, um euch im Glauben zu fördern und zu erfreuen, damit ihr euch in Christus Jesus umso mehr meiner rühmen könnt, wenn ich wieder zu euch komme."

Genau diese Spannung zwischen dem eigenen Verlangen nach Gott und der Sehnsucht, dem Nächsten zu helfen, steht im Zentrum der jesuitischen Spiritualität.

Wunsch und Wirklichkeit

Was Ignatius sich von seinen Mitbrüdern erhoffte, entsprach einem Ideal. In der Realität verfehlten die meisten Jesuiten dieses Ideal natürlich. Zweifellos vernachlässigten einige ihre apostolischen Aufgaben, um ihre spirituellen Bedürfnisse stärker leben zu können. Ein weiteres Mal müssen wir hier an einige der portugiesischen und spanischen Jesuiten aus Ignatius' Zeit denken. Häufiger aber kam das Gegenteil vor.

Auch wenn Ignatius davon ausging, dass Jesuiten eine natürliche Tendenz hin zum Gebet haben, empfanden sie manches Mal das Gebet als nicht ganz so attraktiv, wie Ignatius es gerne gesehen hätte. Das Aufgehen in der Arbeit schmälerte nicht selten das Verlangen nach persönlichem Gebet – bis hin zur völligen Abneigung. Die Satzungen kamen diesen Jesuiten gerade recht: Mit ihrer Hilfe konnten sie es scheinbar rechtfertigen, wenn sie die spirituellen Übungen vernachlässigten. Ignatius selbst sagte einmal, dass 15 Minuten Gebet pro Tag einem Jesuiten genügen sollten. Doch wenn ein Jesuit dieses Argument benutzt, sollte er bedenken, dass Ignatius sich mit dieser Aussage auf einen „abgetöteten", erfahrenen Jesuiten bezog. Unter „abgetötet" verstand er einen Menschen, der sich ganz auf den Willen Gottes einlässt – ohne vom eigenen Ego gefangen zu sein, ohne Tendenz ins Gebet zu fliehen, um das nicht zu machen, was er als Willen Gottes erkannt hat.

15 Minuten Gebet pro Tag genügen – für Fortgeschrittene!

Es gibt auch noch andere Beweggründe, sich nicht so stark dem Gebet zu widmen, wie es vielleicht richtig wäre. Da ist zum einen die Tatsache, dass die Nähe zu Gott in sich selbst verstörend wirken kann – selbst für jemanden, der eigentlich ein großes Verlangen nach dieser Nähe verspürt. Darüber hinaus existiert noch etwas in der ignatianischen Spiritualität, das Jesuiten und auch andere Menschen dazu bringen kann, eine Abneigung gegenüber dem Gebet zu entwickeln:

Im Exerzitienbuch bietet Ignatius einen großen Reichtum an möglichen Gebetsformen an. Von ihm stammt zum Beispiel eine Anleitung, wie sich über feststehende Gebete wie das „Vaterunser" oder das „Ave Maria" meditieren lässt, indem man sich auf ein Wort oder einen Satz konzentriert. Er zeigte auch, wie man seine Vorstellungskraft benutzen kann, um selbst eine Rolle in den Erzählungen der Evangelien einzunehmen – die meiste Zeit der Dreißigtägigen Exerzitien wird übrigens mit dieser Form der Betrachtung und der Kontemplation verbracht. Das Beten sollte anschaulich sein. Ignatius beschreibt daher auch, welche Rolle die Sinne beim Beten spielen können und wie die Gewissenserforschung zum Gebet werden kann.

Eine dieser Methoden wird – ganz besonders in den angelsächsischen Ländern – mit der ignatianischen Art und Weise zu beten geradezu identifiziert: die Meditation über die drei Fähigkeiten der Seele. Diese Methode lässt den Übenden Kopf, Herz, Hände nutzen, also sein Denken und Erinnern, sein Empfinden und Fühlen, sein Handeln und Tun, um herauszufinden, auf welche Weise er gegen den Willen Gottes verstoßen hat. Erst dann soll das Zwiegespräch mit dem Herrn, das „Kolloquium", folgen. Diese Meditation wurde für so wichtig erachtet, dass sie in unseren Alltag als Novizen integriert wurde. Was ursprünglich nur für die erste Woche der Exerzitien zur Betrachtung der Sünden vorgesehen war, ging nun *jeden Tag* der morgendlichen Gebetsstunde voraus. Der Novize sollte während eines Großteils der Stunde meditieren und erst dann, wenn der Novizenmeister eine Glocke läutete, das Kolloquium beginnen. Diese strikte Reglementierung führte dazu, dass viele Jesuiten und andere ein solcherart strukturiertes Gebet ablehnten, wenn nicht sogar verabscheuten.

Vor nicht allzu langer Zeit begleitete einer von uns während achttägiger Exerzitien eine ältere Ordensfrau, die in dieser Tradition geschult worden war. Sie hasste regelrecht Exerzitien und erwartete nichts von ihnen. Der Gedanke, eine Stunde im Gebet zu verbringen, machte sie wahnsinnig. Als sie gefragt wurde, warum sie dann überhaupt Exerzitien machte, antwortete sie: „Weil ich es muss; ich bin Ordensfrau." Als ihr Begleiter ihr vorschlug, einen Tag lang einige Dinge zu tun, die ihr Freude machen, antwortete sie, dass sie dann ein schlechtes Gewissen bekäme. Offensichtlich hatte sie nie Geschmack am Gebet gefunden, doch trotzdem war ihr Verlangen nach Nähe zu Gott so greifbar, dass sie in Tränen ausbrach, wenn sie davon erzählte. Doch sie glaubte nicht, dass ihr Verlangen jemals erfüllt werden würde.

Manchmal wurde das Gebet zu einer verkopften, ermüdenden Angelegenheit.

Dies ist nur ein Beispiel dafür, wie ignatianische Tradition neu interpretiert wurde, so dass Gebet zu harter Arbeit wurde und nicht unbedingt aus sich heraus attraktiv war. Für viele Jesuiten, aber auch für viele andere, die diese Art der ignatianischen Spiritualität in sich aufsogen, wurde Gebet zu einer schmerzhaften, ermüdenden und verkopften Sache. Also vermieden sie es nach Möglichkeit. Jesuiten fiel es nicht schwer, diese ihre Vermeidung zu rechtfertigen, denn sie mussten bloß die entsprechenden Passagen aus den oben zitierten Satzungen heranziehen. Dabei verspürten sie meist gewisse Schuldgefühle, Gefühle, die zum Ausdruck kamen in der häufigen Klage, „nicht genug zu beten".

Anziehend: Gott und das Gebet

Ignatius war sich dieser Spannungen bewusst. Er war aber auch überzeugt davon, dass Gott das Verlangen nach Einheit erfüllen wollte und sich denen offenbarte, die sich die Zeit nahmen, sich dieser Offenbarung zu öffnen. Das ganze Exerzitienbuch basiert auf dieser Überzeugung. Ignatius ging davon aus, dass Gott sich mit jedem Einzelnen persönlich befasst, und dass er umgekehrt von jedem von ihnen individuell erfahren wird. Diese Gotteserfahrung mag sich zum Beispiel in einem starken Gefühl von innerer Stimmigkeit und tiefem Verlangen nach Gott ausdrücken. Oder durch eine plötzliche Erinnerung an empfangene Gnaden, die Dankbarkeit aufblitzen lässt, oder auch Sorge über Fehler der Vergangenheit. Ignatius ging davon aus, dass andere Menschen ähnliche Erfahrungen haben, wie er selbst, dass sie nämlich die Gegenwart Gottes, der mit ihnen in Kontakt sein will, fühlen können.

> Die „Kopf"-Arbeit brachte sie um die Bedürfnisse ihres Herzens.

Darüber hinaus glaubt Ignatius, dass Gott diejenigen Menschen an sich zieht, die sich eine solche tiefe Kommunikation mit ihm wünschen. In der zweiten Regel für die Unterscheidung der Geister, die in der ersten Woche zum Tragen kommt, schreibt er, dass bei denjenigen, die versuchen, näher zu Gott zu finden,

> *„es dem guten Geist ... eigen (ist), Mut und Kraft, Tröstungen, Tränen, Einsprechungen und Ruhe zu schenken, indem er alle Hindernisse leicht macht und weghebt, damit man im Gutes tun immer weiter voranschreite." (EB 315)*

In der „Betrachtung zur Erlangung der Liebe" schreibt er, dass man mit „großer Hingebung abwäge(n solle), wieviel Gott unser Herr für mich getan hat und wieviel Er mir von dem gegeben, was Er besitzt, und folgerichtig, wie sehr derselbe Herr danach verlangt, Sich selbst mir zu schenken, soweit er es nur vermag ..." (EB 234)

In anderen Worten: Ignatius geht davon aus, dass das Gebet auch sehr anziehend sein kann, weil Gott nämlich anziehend ist, wenn er sich selbst als Liebender zeigt. Natürlich wusste Ignatius aus eigener Erfahrung, dass der Weg zu dieser Freude an der Begegnung mit Gott durchaus auch seine dunklen Momente haben kann. Doch Ignatius glaubte fest daran, dass Gott will, dass wir diese Freude verspüren. Was er vermeiden wollte war, dass sich diese Freude zwischen die Jesuiten und deren Dienst an ihrem Nächsten schieben könnte.

> **Gott will, dass wir diese Freude verspüren.**

In einem Brief an Diego Mirón, dem Provinzial Portugals, der gemeinsam mit einem weiteren Jesuiten gebeten worden war, Beichtvater am Königshof zu werden, deutete Ignatius an, wie er die Spannung zwischen der Sorge um das eigene geistliche Leben und die Sorge um das Leben anderen Menschen auflösen wollte. Mirón hatte nämlich Sorge um seine Seele, weil er viel Zeit am Hof verbrachte. Ignatius antwortete:

„Aber um zu den Gründen zurückzukehren, um derentwillen Ihr diese Sache nicht hättet ablehnen dürfen, sage ich, daß mir auch der Grund Eurer Sicherheit nicht von Belang zu sein schien. Denn wenn wir gemäß unserer Berufung nicht anderes suchten, als sicher zu gehen, und das Gute hintanstellen müßten, um uns weit von der Gefahr zu entfernen, dann könnten wir nicht mit den Nächsten leben und umgehen. Aber gemäß unserer Berufung gehen wir mit allen um … Und indem wir mit gerader und reiner Absicht gehen, indem wir nicht, was das Unsere ist, suchen, sondern was Jesus Christus ist, wird er selber uns um seiner göttlichen Güte willen bewahren. Und wenn nicht seine mächtige Hand diese Berufung aufnähme, würde es nicht ausreichen, uns von derartigen Gefahren zu entfernen, um nicht in sie und andere noch größere zu fallen."[3]

Jesuiten erfüllen ihre Bestimmung, indem sie sich ganz der Rettung anderer hingeben. Sie lassen sich von der Angst um ihre eigene spirituelle Sicherheit nicht davon abhalten, anderen Seelen zu helfen. Um dies tun zu können, müssen sie ihr Vertrauen in den Herrn setzen. Tatsächlich barg es Gefahren, Dienst bei einem Monarchen zu tun. Manchmal führte er zu Gruppenstolz bzw. individuellem Stolz unter den

> **Jesuiten retten ihre eigene Seele durch Hingabe an andere.**

---

3 Zitiert nach Peter Knauer, Ignatius von Loyola, Briefe und Unterweisungen, S. 457, Echter, 1993

Jesuiten. Und manchmal wurden sogar Jesuiten mit der Politik unbeliebter Monarchen in Verbindung gebracht. Aus manchen Ländern, in denen ein unpopulärer Herrscher starb oder abgesetzt wurde, wurden die Jesuiten ausgewiesen.

Woran kein Weg vorbei führt

Das Einzige, was Ignatius einem Jesuiten nicht ersparen konnte und wollte, war die Gewissensprüfung. Dieses Examen erlaubt ihm zu erkennen, wann in den letzten Stunden er in Kontakt mit Gott stand und wann er eine solche Begegnung vermieden haben könnte. Gegen Ende seines Lebens übte Ignatius das Examen viele Male am Tag. Er wollte im Einklang mit Gottes Willen sein, und diese Prüfung war eine Möglichkeit, dies zu gewährleisten. Deshalb verlangte er, dass jeder Jesuit sich einen kurzen Zeitraum in der Mitte sowie am Ende des Tages nehme, um im Rückblick auf die Ereignisse des Tages die Fähigkeit zu entwickeln, die Gegenwart des Geistes Gottes im täglichen Leben zu erkennen. Er wollte, dass seine Gefährten zu jedem Augenblick des Tages so weit wie irgend möglich im Einklang mit Gott seien.

Zwei Heilige veranschaulichen die unterschiedlichen Wege, in denen Jesuiten die Spannung zwischen Gebet und apostolischem Werk leben. Einer von ihnen war ein älterer Witwer, Bruder Alphonso Rodriguez. Den Großteil seines Lebens „Ich komme, Herr!" nach dem Eintritt in die Gesellschaft Jesu verbrachte er als Pförtner am Jesuitenkolleg auf Mallorca. Wenn er die Tür öffnete, sagte er, egal wer dort kommen mochte, „Ich komme, Herr", und begrüßte jeden Besucher mit demselben Lächeln, mit dem er auch Jesus gegrüßt hätte. Peter Claver hörte als Novize von diesem heiligen Bruder und freute sich, als er zum Studieren nach Mallorca gesandt wurde. Er wollte in einen geistlichen Austausch mit ihm eintreten. Es war Alphonso, der vorschlug, dass Peter Claver sich als Freiwilliger für die Missionen in Südamerika melden sollte, wo er in Cartagena – wie er selbst es ausdrückte – „für alle Zeit zum Sklaven der schwarzen Sklaven" wurde. Wenn man von seiner heroischen und großherzigen Arbeit auf den Sklavenschiffen liest, die im Hafen Station machten, kann man nur staunen, woraus sich sein Durchhaltevermögen, seine Beharrlichkeit und seine Hingabe speisten. Als er im Sterben lag, drängten hunderte Cartagener, Sklaven und Freie, in sein Zimmer, und räumten es bis auf die Bettwäsche leer: So groß war ihre Sehnsucht nach einer Reliquie dieses heiligen Mannes. Peter Claver fand Gott dadurch, dass er für die ärmsten und verlassensten Menschen Sorge trug.

4. „Freunde im Herrn"

Die Spannung zwischen Gemeinschaft und Sendungsauftrag

Weil sich Jesuiten verpflichtet haben, jederzeit für apostolische Aufgaben in aller Welt zur Verfügung zu stehen, können sie unmittelbar aus dem Kreis ihrer Freunde und Vertrauten gerissen werden. Für sie ist das ein echtes Problem. Sind Freundschaften im Orden unerwünscht – auch weil sie die Bereitschaft verringern, dorthin zu gehen, wo die Not am größten ist? Und was bedeutet das für den Orden und seine Mitglieder?

Ein Philosoph der Aufklärung soll einmal über die Jesuiten gesagt haben: „Sie begegnen sich ohne Zuneigung und trennen sich ohne Bedauern" – witzig gemeint, aber zugleich auch ein herbes Urteil über Menschen, die für Jesus und füreinander Gefährten sein sollen. Waren Jesuiten tatsächlich bindungsunfähig? Offensichtlich nicht! Schon die ersten Gefährten hatten eine tiefe Zuneigung zueinander entwickelt, eine Zuneigung, die all den Spannungen, die sich aus ihren verschiedenen Persönlichkeiten und Nationalitäten ergaben, standhielt. Tatsächlich beschrieb Ignatius diese Gemeinschaft als „Freunde im Herrn". Franz Xaver bewahrte die Namen der ersten Gefährten immer in der Nähe seines Herzens auf und schrieb bewegende Zeilen über seine tief empfundene Freundschaft zu ihnen. Gleichzeitig schickte sein enger Freund Ignatius ihn in die Mission nach Indien im Wissen, dass er Franz Xaver wahrscheinlich niemals wiedersehen würde. Auch hier haben wir wieder ein Spannungsfeld: das zwischen dem Leben in Gemeinschaft und den Verpflichtungen der Arbeit im Apostolat, das andere Prioritäten setzen lässt. Eine Spannung also zwischen der Verwurzelung des Einzelnen in Beziehungen innerhalb der Gemeinschaft und dem je eigenen Weg und den eigenen Aufgaben. Wie balanciert die jesuitische Spiritualität diese Pole miteinander aus?

> Ignatius schickte seinen engsten Freund auf Nimmerwiedersehen fort.

Auch dieser Spannung war sich Ignatius bewusst. In den *Satzungen* ist der gesamte achte Teil diesem Thema gewidmet: „Was dazu hilft, die Verteilten mit ihrem Haupt und untereinander zu vereinen." (Satzungen 655) Hier thematisiert Ignatius die Schwierigkeit, die Einheit aufrechtzuerhalten, wenn doch die Mitglieder in alle Welt verteilt sind. Er besteht darauf, dass die Einheit unverzichtbar ist:

„… die Gesellschaft kann weder bewahrt noch geleitet werden und folglich auch nicht das Ziel erreichen, das sie zu größerer göttlicher

Verherrlichung erstrebt, ohne dass ihre Glieder untereinander und mit ihrem Haupt vereint sind." (Satzungen 655)

Wie kam er zu dieser Annahme? Es waren fünf Gedanken, die ihn dazu führten. Erstens hatten Ignatius und die ersten Gefährten die Gesellschaft Jesu nach dem Vorbild der Jünger, die mit Jesus unterwegs waren, gestaltet. Sie hatten gehofft, dass sie dieselbe Liebe zueinander empfinden würden, die Jesus als das bleibendes Zeichen seiner Liebe zu den Jüngern verstand (vgl. Johannes 15,12–17).

Zweitens war die Gesellschaft Jesu ein neuartiges Phänomen innerhalb der Kirche, und als solches war sie den Angriffen derer ausgesetzt, die durch ihre Innovationen die Traditionen des Ordenslebens in der römisch-katholischen Kirche bedroht sahen. Uneinigkeit unter den Jesuiten hätte solcherlei Attacken nur weiter angefacht. Tatsächlich bekam die noch junge Gesellschaft Jesu die Auswirkungen einer solchen Uneinigkeit heftig zu spüren, als einer der ersten Gefährten, Simão Rodrigues, in der Debatte um die Gebetszeiten innerhalb der Gesellschaft kurz davor stand, gegen Ignatius zu rebellieren. Rodrigues wurde damals als Provinzial von Portugal abgesetzt und einige Jesuiten mussten aus der Provinz Portugal entlassen, d.h. aus dem Orden geworfen werden.

Drittens brachte ihr Sendungsauftrag die Gesellschaft Jesu oftmals in engen Kontakt mit Herrschern und anderen politischen Führern, die nicht selten gegeneinander sowie gegen den Papst Krieg führten. Oft stammten die Jesuiten ja auch selbst aus diesen kriegführenden Staaten und Städten. Eine daraus resultierende Uneinigkeit unter ihnen hätte die Gesellschaft Jesu zerstören können.

Viertens führte der Sendungsauftrag die Mitglieder der Gesellschaft in Gegenden, in denen scharfe Kontroversen innerhalb der Kirche geführt wurden – zum Beispiel in das deutsche Gebiet, das durch die Wirren der Reformation gespalten war. Wo aber theologische Uneinigkeit herrschte, war es ein Einfaches, Andersdenkenden Häresie zu unterstellen. Ein Beispiel dafür ist der Konflikt, welcher von Dominikanern wie Melchior Cano entfacht wurde. Dieser beschuldigte die Jesuiten, mit häretischen Ideen infiziert zu sein. Uneinigkeit unter den Jesuiten hätte nur noch Öl in dieses Feuer gegossen.

Jesuiten mussten vereint bleiben, auch wenn sie über die ganze Welt verteilt waren.

Fünftens wollte die Gesellschaft Jesu intellektuell wache, willensstarke und ambitionierte junge Männer für sich gewinnen. Wären solche Männer nicht sehr stark durch die gelebte Gemeinschaft vereint gewesen, hätten sie untereinander ohne weiteres in die Haare geraten können – mit schlimmen Konsequenzen für das apostolische Wirken der Gesellschaft Jesu.

Ignatius wusste aus eigener Erfahrung, wie außerordentlich wichtig die Einheit war, um die Gesellschaft Jesu bewahren und effektiv gestalten zu können. Er erkannte die Spannung, die im Zentrum der Gesellschaft existierte: Wie können Jesuiten vereint bleiben, wenn sie über die ganze Welt verteilt sind? Ignatius stellte klar, dass die Einheit, die er meinte, eine Einheit der Herzen ist, eine Einheit, die auf der bedingungslosen Freundschaft zueinander basiert. Er zählte auch die Mittel auf, die diese Einheit der Herzen aufrechterhalten würde. Dies sind unter anderem die sorgfältige Auswahl der neuen Ordensmitglieder, der Ausschluss von denen, die Zwietracht schüren, der Gehorsam, die Einheit mit Gott, die Offenheit hinsichtlich der eigenen Gedanken den Oberen gegenüber und regelmäßige Kommunikation durch Briefe. Schauen wir uns diese Mittel genauer an.

Eine handverlesene Auswahl

Ignatius warnte davor, zu viele junge Männer aufzunehmen, „die für unser Institut nicht geeignet sind" (Satzungen 819). Er fürchtete, dass der Wunsch nach einem zahlenmäßig großen Orden das Urteil derer trüben könnte, die über die Aufnahme neuer Jesuiten bestimmten. Spät in seinem Leben bedauerte er nur eines: dass er nicht noch restriktiver bei der Aufnahme neuer Mitglieder gewesen war. Genauso stark wie auf die sorgfältige Auswahl der Novizen achtete er darauf, dass Störenfriede und Ungehorsame entlassen wurden. So schickte er einen Sondergesandten nach Portugal, um die dortige Krise zu bewältigen. Dieser entließ eine große Zahl junger Jesuiten, die der Aufforderung ihrer Oberen, ihre langen Stunden des Gebets und die bizarren Bußübungen zu reduzieren, nicht folgen wollten.

> Störenfriede und Ungehorsame konnte Ignatius nicht dulden.

Nicht nur auf Gehorsam bestand Ignatius, auch auf der Einheit mit Gott, denn auch sie schützt vor Uneinigkeit. Männer, die eins sind mit Gott, sind demütig genug um zu erkennen, dass ihre Urteile bestenfalls in die richtige Richtung gehen können. Aber nie können sie sich absolut sicher sein, dass sie das Richtige wollen. Aus dieser Demut heraus beteiligen sie sich nicht an kontroversen Diskussionen innerhalb der Gemeinschaft, wenn Obere oder die Mehrheit sich in einer Frage anders entscheiden, als sie selbst es getan hätten. Ignatius selbst ist ein gutes Beispiel für diese demütige Haltung. Der König von Spanien hatte dem Papst den ehemaligen Herzog von Gandia, Franz Borja, als Kardinal vorgeschlagen. Ignatius war entsetzt! Er war sich sicher, dass er Borjas Berufung nach Gottes Willen verhindern müsse. Diesen Standpunkt fasste er in einem Brief an Borja in klare, eindeutige Worte.: „… wenn ich es (Anmerkung des Übersetzers: zu verhindern, dass Borja Kardinal wird) nicht täte, bei mir für eine sichere Sache hielte und halte, daß ich Gott unserem Herrn keine gute Rechenschaft über mich ablegen würde, vielmehr eine gänzlich schlechte."[1] Doch im Weiteren konnte er genauso schreiben, dass er davon überzeugt sei,

„Wenn es Gottes Wille ist, daß ich mich darin einsetze und sich andere für das Gegenteil einsetzen und Euch diese Würde geben werden, so gäbe es keinen Widerspruch. Denn es kann sein, daß der gleiche göttliche Geist mich dazu aus den einen Gründen und andere aus anderen zum Gegenteil bewegt … Gott unser Herr möge in allem tun, wie es immer sein größerer Lobpreis und Ruhm ist."[2]

Es ist diese freundschaftliche Einheit mit Gott, die Ignatius für sich und seine Gefährten wertschätzt. Denn sie bedeutet, dass sie einerseits die eigene Erfahrung als Indiz für Gottes Willen ansieht und andererseits den Lauf der Dinge zulässt, am Ende aber immer Gott als letzte Instanz dasteht. Hier haben wir, ganz nebenbei, noch einmal ein Beispiel für das Diktum: „Bete, als hinge alles von dir ab und arbeite, als hinge alles von Gott ab."

Für einen Jesuiten ist immer Gott die letzte Instanz.

Ignatius wollte, dass die Jesuiten zu Freunden im Herrn würden. Doch diese Freundschaft im Herrn hat eine Sendung in der Welt zu erfüllen.

---

[1] Ignatius, Brief an Francisco de Borja. Rom, 5. Juni 1552, Zitiert nach Peter Knauer, Briefe und Unterweisungen, Echter 1993, S. 414
[2] Ignatius, Brief an Francisco de Borja. Rom, 5. Juni 1552, Zitiert nach Peter Knauer, Briefe und Unterweisungen, Echter 1993, S. 414

Das Vertraute hinter sich lassen

Jesuiten dürfen sich von ihrem Gefühl der Gemeinschaft nicht davon abhalten lassen, enge Freunde zu verlassen oder enge Freunde ziehen zu lassen, wenn das apostolische Wirken dies verlangt. Ignatius und Franz Xaver sind ein gutes Beispiel hierfür. Offensichtlich waren sie in inniger Freundschaft einander verbunden. Als der König von Portugal um Jesuiten für Indien bat und der Papst dies gewährte, entschied Ignatius, Nicolà Bobadilla und Simão Rodrigues zu entsenden. Doch Bobadilla kehrte schwer erkrankt von einer Reise zurück. Franz Xaver, der als Ignatius' Sekretär fungierte, war der einzige der ersten Gefährten, der sich zu dem Zeitpunkt in Rom aufhielt. Ignatius redete mit ihm und sagte: „Es ist jetzt deine Aufgabe", woraufhin Franz Xaver froh antwortete „Nun denn, hier bin ich."

Die Tiefe ihrer Zuneigung zueinander kann man in den Briefen spüren, die sie sich geschrieben haben; Briefe, die ungefähr ein Jahr benötigten, um ihr Ziel zu erreichen. (Tatsächlich wurde Ignatius' letzter Brief an Franz Xaver, der ihn zurück nach Rom beorderte, verschickt, nachdem Xaver schon verstorben war, die Nachricht seines Todes Rom aber noch nicht erreicht hatte.) Es ist diese Art Einheit der Herzen, die sich Ignatius von und für seine Brüder erhoffte. Sein Beharren auf regelmäßigem Briefverkehr hat übrigens dazu geführt, dass die jesuitischen Missionare eine beispiellose Aufzeichnung ihrer Erfahrungen in weit entfernten Gebieten hinterlassen haben. Aufzeichnungen, die bis zum heutigen Tag eine Fundgrube für Forscher sind, die versuchen, Kulturen zu verstehen, von denen es nur wenig literarische Spuren gibt. Ein Beispiel soll hier genügen. Die *Jesuit Relations*, in deren 73 Bänden der englischen Fassung die jährlichen Briefe enthalten sind, die die Jesuiten der kanadischen Missionen von 1632 bis 1673 nach Frankreich schickten, sind von Forschern bis ins kleinste Detail untersucht worden. Sie haben viel dazu beigetragen, das Leben der Ureinwohner Kanadas zu verstehen.

> Freundschaft darf das apostolische Wirken nicht behindern.

Was braucht es für eine solche Einheit der Herzen, wie Ignatius und Franz Xaver sie gezeigt haben? Es sind vier Voraussetzungen, die erfüllt sein müssen. Da die Jesuiten zuallererst Gefährten Jesu sind, braucht es vor allem anderen die Einheit mit Gott. Aber auch die Beziehung zu ihren Mitbrüdern sollte tief reichen. Deshalb ist es, zweitens, notwendig, dass

> Jesuiten treffen sich in Zuneigung und gehen mit Bedauern auseinander.

Jesuiten miteinander über ihre innersten Träume, Sehnsüchte und Hoffnungen sprechen. Drittens müssen sie die Bedürfnisse anderer Menschen und das Wohl der Gesellschaft Jesu als Ganzes über ihren Wunsch nach enger Gemeinschaft stellen. Und viertens sollten sie sich beständig an ihre abwesenden Freunde erinnern und versuchen, mit ihnen zu kommunizieren. In anderen Worten: Im Idealfall treffen sich die Jesuiten in Zuneigung und gehen mit Bedauern auseinander, doch steht das Auseinandergehen im Dienste eines höheren Ziels.

In der Praxis ist dies kein einfaches Ideal. Zum einen kann Freundschaft sehr leicht zu dem Wunsch führen, beisammen zu bleiben. Ein solches Miteinander kann durch eine erfolgreiche Zusammenarbeit gerechtfertigt sein. Und doch können zwei Menschen oder auch eine Gruppe die Offenheit gegenüber dem größeren Ziel verlieren, die sie als Jesuiten kennzeichnen soll. Wenn sie über zukünftige apostolische Einsätze beraten, könnten sie alles sabotieren, was zu einer Trennung führen würde – ohne sich dessen bewusst zu sein. Deshalb erfordert die jesuitische Spiritualität die Fähigkeit, „indifferent" (innerlich frei und deswegen nicht festgelegt) zu sein, d.h. sich nicht zu sehr von Dingen oder Gefühlen abhängig zu machen. Die Unterscheidung, was „zur größeren Ehre Gottes" dient, muss jederzeit noch möglich sein.

Wir haben gesehen, dass eine zu große Verbundenheit eine Gefahr darstellen kann. Zu wenig Nähe allerdings auch. Davon soll im folgenden Abschnitt die Rede sein.

Wie nah ist nah?

Die Verpflichtung eines Jesuiten, sich jederzeit für Reisen in ferne Gefilde bereit zu halten, kann dazu führen, dass er sich vor dem Schmerz des Abschieds schützen will. Wer diesen Schmerz fürchtet, könnte eine gewisse emotionale Distanz zu seinen Gefährten wahren wollen – und so das Bonmot über ein „Treffen ohne Zuneigung und eine Trennung ohne Bedauern" bestätigen. Doch in diesem Verhalten liegt eine noch weit größere Gefahr als die Distanz eines Einzelnen zu seinen Brüdern.

Erschweren die Regeln einer großen Gemeinschaft das tiefe, persönliche Miteinander, dann wirkt sich dies auf die emotionale Nähe seiner Mitglieder zueinander aus. Zum Beispiel brachte man vor dem Zweiten Vatikanischen Konzil in den Vereinigten Staaten den Novizen bei, zu starke

Freundschaften zu vermeiden. Verbrachten Freunde in den Augen des Novizenmeisters zu viel Zeit miteinander, tadelte er sie und verbot ihnen zuweilen für eine gewisse Zeit, miteinander zu reden. In Deutschland war es den Jesuiten zur selben Zeit untersagt, sich beim Vornamen zu nennen oder sich zu duzen. Gerechtfertigt wurden diese Maßnahmen mit der Begründung, dass Jesuiten zwar formale Beziehungen zueinander haben sollten, aber keine allzu persönlichen. Eine derartige Ausbildung förderte eher oberflächliche Beziehungen.

> In Deutschland war es den Jesuiten verboten, sich zu duzen.

Wir möchten noch ein weiteres Beispiel dafür bringen, wie schwer sich die Jesuiten über weite Zeiträume damit taten, das rechte Maß an guter, persönlicher Freundschaft zu finden. Einer Freundschaft, die stark genug war, um den Herzen wohl zu tun, aber nicht so stark, dass sie die apostolische Sendung gefährdete. Während des größten Teils des 19. und 20. Jahrhunderts wurde den Jesuiten nahe gelegt, nicht miteinander über die eigenen Gotteserfahrungen zu reden. Überhaupt wurden Gefühlsangelegenheiten im Allgemeinen nicht ernst genommen, da Gefühle „irrational" seien. Mancherorts erholte man sich ausschließlich in großer Gemeinschaft. Alle Jesuiten saßen in einem Raum und jegliche Konversation war öffentlich. Gespräche in dieser Umgebung mochten anregende Diskussionen über irgendein relevantes Thema sein, doch sie waren alles andere als persönlich. Oft waren sie langweilig: Man sprach über das Wetter, über Sport, oder beschwerte sich über die Schüler.

Auf all diese Weisen wurde genau die Art Kommunikation, welche die ersten Gefährten zu „Freunden im Herrn" machte, verhindert. In anderen Worten: Die kreative Spannung, die zu einer gesunden Balance zwischen echter Gefährtenschaft und apostolischem Engagement führt, ist in der Geschichte der Gesellschaft Jesu mitunter verloren gegangen.

Erneuerte Freundschaften

Neben der Angst vor zu großer Nähe gibt es noch einen weiteren Grund, warum sich ein Jesuit entscheiden könnte, dass er auf eine tiefe Freundschaft zu einem oder mehreren Mitbrüdern verzichten möchte. Freundschaften bergen Risiken, sind schwierig zu entfalten und oftmals vertrackt. Es braucht Zeit, um die Art Vertrauen zwischen zwei Menschen zu entwickeln, die zu gegenseitiger Offenheit führt. Viele Menschen entscheiden sich, die Zeit, die dafür nötig wäre, anders einzusetzen. Auch mancher Jesuit. Gerade in einem Orden, der sich dem apostolischen Wirken widmet, kann einem die Arbeit für andere alle Energie abverlangen. Dann nimmt dieses Wirken den Platz der Freundschaft ein. Im Grunde kann ein Jesuit die Tatsache, dass er sich keine Zeit für innige Beziehungen nimmt, mit der apostolischen Sendung der Gesellschaft Jesu rechtfertigen. Mancher argumentiert so: „Schaut euch Franz Xaver an. Den Großteil seines apostolischen Lebens hat er allein gelebt. Er hatte keine Zeit für Freundschaften". Eine solche Argumentation vergisst jedoch, dass Franz Xaver seine Gefährten von Herzen liebte. Sein apostolisches Werk riss ihn von den Männern weg, deren Freundschaft er schätzte, und mit denen er viele Stunden in vertrautem Gespräch verbracht hatte. Ganz sicher benutzte er die Arbeit nicht dazu, um vor Freundschaften zu flüchten – wie andere Jesuiten dies offenbar getan haben.

Wir glauben, dass die Gesellschaft Jesu sich nach dem Zweiten Vatikanischen Konzil so intensiv mit der Frage des Lebens in Gemeinschaft auseinandersetzen musste, weil das Thema so problematisch geworden war. Viele Jesuiten hatten nicht gelernt, wie sie miteinander über die tieferen Themen ihrer Leben kommunizieren sollten. Es kam immer wieder vor, dass Jesuiten schockiert waren, weil Mitbrüder aus dem Orden ausgetreten waren, ohne dass sie jemals mit ihnen, die meinten ihre Freunde zu sein, über die Gründe für diesen Schritt gesprochen hatten. Die Jesuiten mussten wieder lernen, wie sie zu echten „Freunden im Herrn" werden konnten.

Dies ist ein schwieriger und chaotischer Prozess gewesen. Die Jesuiten mussten für sich persönlich um den Stellenwert des Gemeinschaftslebens ringen – und noch dazu die kreative Spannung aushalten zwischen einer zutiefst herzlichen Bindung zu ihren Gefährten und der Verfügbarkeit für diejenigen, die ihre Dienste benötigen. Doch die Mühe hat sich gelohnt. Denn erst wenn diese Spannung gegenwärtig ist, sind die Jesuiten wahrhaft „Freunde im Herrn".

Ein weiteres Mal können wir auf die Freundschaft hinweisen, die sich zwischen zwei Heiligen entwickelte: Alphonso Rodriguez und Peter Claver. Als Peter Claver auf Mallorca war, trafen sie sich jeden Tag, um geistliche Gespräche zu führen. So vertieften sie ihre Freundschaft. Doch dies hielt Alphonso Rodriguez nicht davon ab, Peter

Gemeinschaft über die Ordensgrenzen hinaus.

Claver zu ermutigen, sich für die Mission in Südamerika zu melden. Ein weiteres Beispiel dafür, wie das Band der tiefen Freundschaft zwischen Jesuiten durch regelmäßige und tiefe Kommunikation gefestigt wurde: Während der Katholikenverfolgung im elisabethanischen England leisteten Jesuiten extrem gefährliche Untergrundarbeit. Dennoch versuchten sie unter Einsatz ihres Lebens, sich einmal im Monat zu treffen, um sich über ihre Erfahrungen auszutauschen. Die Treffen erlaubten diesen Männern, ihr Werk fortzuführen, das oftmals mit einem grausamen Tod endete.

Zurzeit engagieren sich die Jesuiten noch in einer weiteren Form von Gefährtenschaft. Sie arbeiten daran, auch mit Laien und anderen Ordensleuten, mit denen sie zusammenarbeiten, eine Art Gemeinschaft zu bilden. Diese Aufgabe ist ziemlich verwirrend und schwierig, obwohl die Jesuiten aus eigener innerer Überzeugung und motiviert durch die Vorgaben der letzten Generalkongregationen, danach streben, harmonisch und auf Augenhöhe mit anderen zusammenzuarbeiten – und das in Institutionen, die noch vor dreißig Jahren ausschließlich von Jesuiten bestimmt und kontrolliert wurden. Die 34. Generalkongregation drückte es folgendermaßen aus:

„Die Gesellschaft Jesu erkennt darin (Anmerkung des Übersetzers: in der zunehmenden Zusammenarbeit mit Nicht-Jesuiten in den Werken) eine Gnade für unsere Zeit und eine Hoffnung für die Zukunft, dass die Laien „in diesem bedeutsamen und dramatischen Augenblick der Geschichte, eine aktive, bewußte und verantwortungsvolle Rolle in der Sendung der Kirche übernehmen.“ Wir wollen auf diese Gnade dadurch antworten, dass wir uns selbst zum Dienst an der vollen Verwirklichung dieser Sendung der Laien anbieten, und verpflichten uns dazu, mit den Laien in dieser Sendung zusammenzuarbeiten“ (34 GK, Dekret 13, Nr. 331a)

Auch in dieser neuen Gemeinschaft wird es die oben angesprochenen Spannungen wieder geben, hoffentlich zum Guten für alle Beteiligten.

5. „Innerlich frei sein"

Die Spannung zwischen Gehorsam und Lernen aus Erfahrung

Zum einen ist ein Jesuit seinem Oberen absoluten Gehorsam schuldig. Zum anderen ist er angehalten, Wissen und Erfahrungen zu sammeln, dies zu reflektieren und in der Unterscheidung der Geister nach Gottes Willen zu suchen. Wie passt das zusammen? Denn wer nur gehorcht, der muss nichts wissen. Und wer viel weiß, dem fällt es schwer, zu gehorchen.

Im letzten Kapitel haben wir gesehen, dass die *Satzungen* den Gehorsam als eine der Methoden nennen, die die Einheit bewahren. Tatsächlich ist er eines der wichtigsten Merkmale, das den jesuitischen Orden auszeichnet. In seinem berühmten Brief über den Gehorsam, den er im Jahr 1553 an die Jesuiten Portugals schickte, erklärte Ignatius, dass sich die Mitglieder der Gesellschaft Jesu von anderen Orden durch ihre Weise, den Gehorsam zu leben, unterscheiden sollten. Er befürwortete nicht nur einen Gehorsam des Willens, sondern auch des Intellekts. Damit meinte er, dass ein Jesuit nicht nur ausführen soll, was immer der Obere auch befiehlt, er soll auch damit einverstanden sein.

> *„Indem man voraussetzt und glaubt – in ähnlicher Weise, wie man sie bei Dingen des Glaubens einzuhalten pflegt –, daß alles, was der Obere anordnet, Anordnung Gottes unsres Herrn und sein heiliger Wille ist, blind, ohne jede Untersuchung, mit dem Einsatz und der Entschlossenheit eines Willens, den zu gehorchen verlangt, zur Ausführung des Gebotenen voranzugehen."[1]*

In den *Satzungen* schreibt Ignatius sogar, dass die Jesuiten bereit sein sollten zu gehorchen, „selbst wenn sie nur das Anzeichen des Willens des Oberen sähen, ohne einen ausdrücklichen Befehl" (Satzungen 547). Im Exerzitienbuch stellt er Regeln auf, „um das echte Gespür zu erlangen, das wir in der dienenden Kirche haben sollten" (EB 352ff.).

Obere befahlen, Untergebene gehorchten.

Regel Nr. 13 lautet: „Wir müssen, um in allem sicher zu gehen, immer festhalten: was meinen Augen weiß erscheint, halte ich für schwarz,

---

[1] Ignatius von Loyola, Brief an die Mitbrüder in Portugal, 26. März 1553, zitiert nach Peter Knauer, Briefe und Unterweisungen, Echter 1993, S. 467

wenn die hierarchische Kirche so bestimmt ..." (EB 365) Man fragt sich, wie es in der jesuitischen Spiritualität, die doch so sehr auf diesem absoluten Gehorsam basiert, überhaupt Platz dafür geben kann, aus den eigenen Erfahrungen zu lernen. Oder in anderen Worten: ob es Platz gibt für die persönliche Unterscheidung der Geister.

Tatsächlich gab es dafür im größten Teil des 20. Jahrhunderts für einen Jesuiten wenig Raum. Obere befahlen, Untergebene gehorchten. Die letzteren grummelten vielleicht, aber sie stellten diesen blinden Gehorsam nicht in Frage.

Die Frage ist: Welche guten Argumente sprechen denn dafür, dass einem Jesuiten dieser unbedingte Gehorsam abverlangt wird?

Wenn und Aber

Ignatius lebte in einer Gesellschaft, die sowohl in ihrer säkularen als auch in ihrer geistlichen Ausprägung streng hierarchisch strukturiert war. Als ehemaliger Soldat war er an die Rangordnung innerhalb der Armee gewöhnt. Weil er glaubte, dass diese hierarchische Ordnung gottgewollt war, wundert es uns nicht im Geringsten, dass er ein solch deutlicher Befürworter des Gehorsams gegenüber höheren Autoritäten war. Erinnern wir uns, wie es war, als ihm in Jerusalem der franziskanische Provinzial mit der Exkommunikation drohte. Er war fest davon überzeugt gewesen, dass er nach Gottes Willen sein Leben im Heiligen Land verbringen sollte, um dort, wo Jesus gelebt hatte, den Seelen zu helfen. Und trotzdem gehorchte er dem Provinzial und kam zu dem Schluss, dass Gott wohl doch nicht wollte, dass er im Heiligen Land blieb.

> Ignatius war es gewohnt zu gehorchen.

Das Überraschende ist, dass Ignatius bei allem Gehorsam einen so großen Wert auf die persönliche Unterscheidung und auf das Lernen aus der eigenen Erfahrung legt, denn beides verleitet doch dazu, auf eine Weise zu handeln, die der Maßgabe bezüglich des Gehorsams zu widersprechen scheint.

Ignatius war davon überzeugt, dass die Gesellschaft Jesu von Gott dazu berufen ist, im apostolischen Wirken sehr engagiert und beweglich zu sein. Deshalb kämpfte er für die Freistellung von der Pflicht, jeden Tag gemeinsam das Stundengebet zu beten. Auch glaubte er, dass Jesuiten nicht das Amt eines Bischofs antreten sollten. Zum einen, weil es zu jener Zeit so wenige Jesuiten gab, und zum anderen wollte er einem möglichen Ehrgeiz unter den Jesuiten einen Riegel vorschieben. Mehr als einmal sah es danach aus, als ob nichts den Papst davon abhalten könne, den einen oder anderen der ersten Gefährten zum Bischof zu ernennen. Doch Ignatius akzeptierte diesen Wunsch des Papstes keineswegs sofort als Willen Gottes. Er bat alle Jesuiten in Rom, inbrünstig zu beten und Messen zu feiern und schrieb an einflussreiche Laien und Kardinäle mit der Bitte, auf die Meinung des Papstes einzuwirken. Gleiches geschah – wir haben bereits darauf hingewiesen – als der Papst Franz Borja zum Kardinal machen wollte: Ignatius setzte alle Hebel in Bewegung, um zu verhindern, was sein „Vorgesetzter" wünschte. Wo war da sein Gehorsam? Offensichtlich ist die jesuitische Praxis des Gehorsams differenzierter, als die bisher von uns zitierten Texte sie erscheinen lassen.

Nach eigenem Ermessen

Auf seinem eigenen spirituellen Weg musste sich Ignatius mehr auf seine persönlichen Erfahrungen sowie auf die sein Suchen nach dem Willen Gottes in diesen Erfahrungen (durch die Unterscheidung der Geister) verlassen, als auf eine äußere Autorität. In Manresa fand er vonseiten seiner Beichtväter wenig Verständnis für seine Zweifel. Er konnte sie erst dann überwinden, als er durch Unterscheidung der Geister erkannte, dass sie nicht von Gott kamen, sondern eine Versuchung darstellten. Nach dieser Entdeckung hatte er eine Vision, die ihn davon überzeugte, dass er nun seinen kompletten Verzicht auf Fleisch beenden sollte. Sein Beichtvater bat ihn zu erwägen, ob dies nicht auch eine Versuchung sein könne. Im Pilgerbericht kann man nachlesen, was Ignatius ihm antwortete: „Er jedoch konnte, so gut er es erforschte, niemals daran zweifeln." (PB 27)

Lernen aus Erfahrung war für Ignatius von entscheidender Bedeutung.

Ignatius hatte eine Erfahrung gemacht und hielt auch dann an ihr fest, als ihm nahegelegt wurde, sich anders zu entscheiden. Er erinnert sich im Pilgerbericht auch an weitere mystische Erfahrungen. Jene am Fluss Cardoner, sagte er, lehrte ihn mehr als all seine Studien und sein gesamtes späteres Leben. Als er später Generaloberer geworden war, begründete er viele der Entscheidungen, die er hinsichtlich der Organisation der Gesellschaft Jesu traf, mit dieser Erfahrung am Cardoner. Aus all diesen Begebenheiten folgt, dass das Lernen aus Erfahrung für Ignatius von grundlegender Bedeutung war.

Wie sehr er das Lernen aus *eigener* Erfahrung meinte, wird deutlich, wenn wir uns an seine Studienzeit in Spanien erinnern. Kurz zuvor war er bei den kirchlichen Autoritäten in Verdacht geraten. Mehr als nur einmal schickte er seine Schriften, jene rudimentären Notizen, aus denen später das Exerzitienbuch werden sollte, an höhere Stellen, um sie beurteilen zu lassen. Frustriert musste er anhören, dass zwar nichts Ketzerisches in den Notizen zu finden sei, ihm aber trotzdem verboten sei, über den Unterschied zwischen Todsünden und lässlichen Sünden zu sprechen. Es hieß, er müsse zuerst mehr studiert haben. Er studierte also; aber das Studium scheint ihm keinerlei Anlass gegeben zu haben, seine auf seinen eigenen Erfahrungen beruhende Glaubenspraxis oder Lehre zu verändern.

In Ignatius' eigenem Leben gibt es also schon diese Spannung zwischen Gehorsam und dem Lernen aus eigener Erfahrung. Deutlicher wird diese kreative Spannung, wenn wir die Art und Weise beschreiben, wie er seinen Orden leitete, oder zumindest, wie er ihn leiten wollte. André Ravier schreibt:

> *„Gemäß Ignatius sind drei Schritte notwendig, um ein Zeichen Gottes so zu verstehen, dass es zu einer authentischen spirituellen Entscheidung führt: selbst Autorität mitbringen und Verantwortungsgefühl für die zu treffende Entscheidung übernehmen oder zumindest Anteil daran zu haben; Gott bitten, Licht ins Dunkel zu bringen und innerlich vollkommen frei von persönlichen Vorlieben und Leidenschaften sein."* [2]

Bei Ignatius gibt es diese Spannung zwischen Gehorsam und Lernen aus eigener Erfahrung.

Genau dies ist der Punkt: Die eigene Erfahrung kann nur dann Gottes Willen widerspiegeln, wenn eigene Bequemlichkeit, eigene Wünsche, Vorlieben, eigene Abneigungen nicht die erste Geige spielen.

Um dies zu erreichen, braucht es fünf Phasen, die einer guten Entscheidung des Oberen vorausgehen.

- Als erstes versuchen er und seine Berater so viele Informationen wie möglich über die fragliche Angelegenheit zu bekommen.

---

[2] Ravier, S. 340 (die deutsche Übersetzung für dieses Buch erstellt)

- Zweitens prüfen sie die Vorteile und Nachteile der möglichen Entscheidungen.

- Drittens beten alle um innere Freiheit, das heißt um „Indifferenz", wie sie in „Prinzip und Fundament" im Exerzitienbuch beschrieben wird, sowie um das Licht des Heiligen Geistes.

- Viertens erklärt der Obere, nachdem die Berater ihre Meinung mitgeteilt haben, seine Meinung und wägt die Angelegenheit daraufhin ein weiteres Mal vor Gott ab. Ungeachtet dessen, was die Mehrheit der Berater glaubt, muss der Obere vor Gott und seinem eigenen Gewissen seine Entscheidung treffen.

- Fünftens muss der Obere, nachdem er seine Entscheidung getroffen hat, diese wiederum im Gebet dem Herrn vorlegen und um eine Bestätigung bitten.

Ravier führt dazu aus: „Eine Entscheidung, die in einer solchen Weise getroffen worden war, war für Ignatius gleichzusetzen mit dem Willen Gottes. Wenn es nicht andere Zeichen gab, die der getroffenen Entscheidung offensichtlich entgegenstanden, setzte er diese durch – egal, was es kostete."[3]

Ignatius entwickelte diese Vorgehensweise in dem Abschnitt der *Satzungen*, in welchem er die Entlassung eines Novizen abhandelt (wir können davon ausgehen, dass der Novize hinreichend Anlass für seine Entlassung gegeben hat). Damit der Leser ein Gespür für Ignatius' Auffassung von Leitung bekommt, zitieren wir die gesamte Passage. Er wird bemerken, dass Ignatius großen Wert auf die Fürsorge für das Individuum legt und dies zu einer Zeit, in der eher Härte und Strenge an der Tagesordnung waren.

1. Gegenüber denen, die zu entlassen wären, muss die Weise beobachtet werden, die
* - sowohl für den Entlassenden*
* - wie für den, der entlassen wird,*
* - und für die anderen im Haus und außerhalb*
zu mehr Zufriedenstellung vor Gott unserem Herrn angebracht ist. Zur Zufriedenstellung des aus den oben genannten Gründen Entlassenden sind drei Dinge zu beobachten:

---

3   Ravier, S. 341 (die deutsche Übersetzung für dieses Buch erstellt)

2. *Einmal soll er selbst beten und anordnen, dass im Haus in dieser Meinung gebetet werde – ohne dass aber der Betreffende bekannt wird –, dass Gott unser Herr seinen heiligsten Willen in diesem Fall lehre.*

3. *Ferner soll er es mit einigen oder einem aus dem Haus, die ihm am geeignetsten scheinen, besprechen und hören, was sie meinen.*

4. *Ferner soll er, indem er sich aller Zuneigung entblößt und die größere göttliche Verherrlichung und das gemeinsame Wohl und das des einzelnen, soweit möglich, vor Augen hat, die Gründe für die eine und die andere Seite erwägen und sich entscheiden, zu entlassen oder nicht.*

5. *Zur Zufriedenstellung des Entlassenen werden weitere drei Dinge eingehalten werden müssen:*
   - einmal in Bezug auf das Äußere, dass er, soweit möglich, ohne Beschämung und Schimpf aus dem Haus geht und indem er alles, was sein ist, mit sich nimmt.

6. *Ferner in Bezug auf das Innere: Er bemühe sich, ihn in so großer Güte und Liebe gegenüber dem Haus und so getröstet in unserem Herrn wie möglich fortzuschicken.*

7. *Ferner in Bezug auf seinen Lebensstand: Er bemühe sich, ihn anzuleiten, dass er ein anderes gutes Mittel ergreift, Gott innerhalb oder außerhalb des Ordenslebens zu dienen, wie es mehr seinem göttlichen Willen zu entsprechen schiene, indem er ihm mit Rat und Gebeten und mit dem hilft, was ihm sonst in Liebe gut schiene.*

8. *Zur Zufriedenstellung der anderen im Haus und außerhalb werden ebenfalls drei Dinge beobachtet werden müssen:*
   - Einmal bemühe man sich, soweit möglich, dass niemand wegen der Entlassung in seinem Geist in Verwirrung bleibt, indem man, wem gegenüber es notwendig sein sollte (C), zufriedenstellende Rechenschaft über die Entlassung gibt und dabei Verfehlungen des Entlassenen, die nicht öffentlich sind, auch wenn sie bestünden, möglichst wenig erwähnt.
   C. Über die Gründe der Entlassung
   - Rechenschaft nicht zu geben oder zu geben,
   - vor der Gemeinschaft oder gegenüber einzelnen,
   - mehr bzw. minder, wird zu tun angebracht sein, je nachdem

derjenige, der entlassen wird, im Haus und außerhalb mehr oder minder geschätzt und geliebt würde.

9. Ferner sollen sie, soweit es möglich ist, nicht ablehnend und mit einer schlechten Meinung von ihm verbleiben, sondern sie mögen Mitgefühl mit ihm haben und ihn in Christus lieben und ihn in ihren Gebeten seiner göttlichen Majestät empfehlen, damit er ihn auf den rechten Weg bringen und ihm Barmherzigkeit erweisen wolle.

(Satzungen 218–229)

Dieses Beispiel zeigt, dass leitende Jesuiten den Gehorsam weder autoritär noch willkürlich einfordern sollen. Mehr noch, Ignatius will, dass ein Oberer aus Liebe heraus handelt, selbst wenn er einem anderen schmerzhaft Grenzen setzen muss.

Erkenntnisse durch Offenheit

Der jesuitische Gehorsam muss auch in Zusammenhang mit der Gewissensrechenschaft gesehen werden, die ein Kennzeichen der jesuitischen Spiritualität ist. Die *Satzungen* legen fest, dass jeder Jesuit mindestens einmal im Jahr – oder falls notwendig auch öfter – seinem Provinzial gegenüber das Herz zu öffnen hat. Jesuiten sollen in diesem Gespräch all ihr Vertrauen in den Oberen legen und „ihm nichts Äußeres oder Inneres verborgen halten" und wünschen, dass sie „in allem Bescheid wissen, damit sie sie besser in allem auf den Weg des Heils und der Vollkommenheit lenken können." (Satzungen 551)

> **Mindestens einmal im Jahr öffnet ein Jesuit seinem Oberen sein Herz.**

Der Sinn dieser vollkommenen Offenlegung seiner selbst ist apostolischer Natur. Zu den Dingen, deren Offenlegung er sich von Jesuiten erwartete, gehörten ihre Visionen und Ziele im Apostolat, ihre Schwächen und Versuchungen, ihre Stärken, ihr Gesundheitszustand und so weiter. Ignatius wollte, dass die Oberen die Wirklichkeit ihrer Männer kannten, so dass sie sie auf angemessene Weise zum Einsatz bringen konnten. Doch mit diesem Wissen sollte nicht nur verhindert werden, dass einem Jesuiten eine Aufgabe gestellt wurde, die ihm oder denen, mit denen er arbeiten sollte, Leid zufügen würde. In der Tat setzte Ignatius, dem *Memoriale* von Gonçalves da Câmara zufolge, alles daran, die Wünsche und Vorlieben der betenden und demütigen Männer kennenzulernen, um so bei deren Entsendung ihren Vorlieben besser zu entsprechen.

Ebenso diente das Wissen über eine Person dem Oberen dazu, etwas über Gottes Willen herausfinden. In anderen Worten: Ignatius rechnete damit, dass Gottes Wille durch die Erfahrung der Männer selbst offenbar werden konnte. Die Idee des „blinden Gehorsams" bekommt im Lichte der Art und Weise, in der Ignatius sich die Entscheidungsfindung von Oberen und Untergebenen vorstellte, eine ganz neue Kontur. Denn der Obere hat keinen direkten Draht zu Gott. Alle müssen zusammenarbeiten, um in jeder erdenklichen Situation die richtige Art zu handeln zu finden.

Neben der Gewissensrechenschaft enthüllen die *Satzungen* ein weiteres Charakteristikum jesuitischen Gehorsams und Urteilsvermögens. In jesuitischen Schriften, die detailliert Auskunft geben zur Art und Weise, wie man handeln soll, liest man oft noch einen einschränkenden Nachsatz: *„... unter Beachtung der Umstände von Zeiten, Orten und Personen und anderer Faktoren." (Satzungen 351)*

Ignatius wusste, dass er nicht alle Umstände vorhersehen konnte, die einen Menschen dazu zwingen könnten, seine Handlungsweise anzupassen. Jesuiten sollten die Freiheit haben, die Vorschriften nach eigenem Ermessen anzuwenden, und selbst in Angelegenheiten, die von den *Satzungen* bestimmt oder von Oberen verfügt werden, anhand der eigenen Erfahrungen die Geister zu unterscheiden. Das Vertrauen, dass sie hierzu in der Lage sind, wird ihnen entgegengebracht.

Der jesuitische Gehorsam verlangt von Jesuiten, dass sie Männer des Gebets und der Askese sein sollen. Männer, die mit ganzem Herzen in allem, was sie tun, Gottes Willen suchen. Er verlangt von ihnen ebenfalls, dass sie Männer sind, die durch die alltägliche zweimalige Gewissensprüfung und die Anwendung der Regeln zur Unterscheidung von Geistern gelernt haben, mithilfe eigener Erfahrung die Spreu vom Weizen zu trennen. Sie sollen keine hirn- und willenlose Roboter **Wenn er sein Bestes getan hat, kann ein Jesuit den Rest getrost Gott überlassen.** sein; vielmehr Männer, die in der Gewissheit leben, dass Gott direkt mit ihnen, mit ihren Oberen und mit allen anderen Menschen kommuniziert. Sie sollen demütig genug sein, um ihre eigene Fehlbarkeit zu erkennen, und folgerichtig nicht so sehr in ihre eigene Unterscheidungsfähigkeit verliebt sein, dass sie keinen Widerspruch ertragen können. Was Ignatius bezüglich des Kardinalshuts an Franz Borja schrieb, ist ein gutes Beispiel für das, was jeden Jesuiten kennzeichnen sollte: Wenn er sein Bestes getan hat, um durch Unterscheidung der Geister zu einer guten Entscheidung zu gelangen, überlässt er den Rest Gott.

Spannungsverluste

Vom ehrlichen und offenen Austausch zwischen Oberem und Untergebenem erwarten die Jesuiten, dass sie erkennen, wie sie mit Gottes Absichten in der Welt im Einklang sein können. Dies ist weit entfernt von der so geläufigen Karikatur des jesuitischen Gehorsams. Im besten Fall leben die Jesuiten mit der kreativen Spannung zwischen Gehorsam und persönlicher Unterscheidung und hoffen, dass sie dabei mit Gottes Absicht übereinstimmen.

Natürlich kann diese Spannung nachlassen. Über weite Strecken des vergangenen Jahrhunderts gestand man der Gewissensrechenschaft im Leben eines Jesuiten wenig Bedeutung zu. Die Jesuiten trafen ihren Provinzial zwar einmal im Jahr, doch diese Treffen waren oft oberflächlicher Natur. Die Provinziale waren im Wesentlichen mehr an äußerlichen Erfolgen in der Erfüllung der Pflichten interessiert denn an inneren Erfahrungen des Herzens und des Geistes. Die Untergebenen waren zufrieden, wenn sie dieses Gespräch ohne Tadel hinter sich bringen konnten. Selten wurden Aufgaben mit dem Betroffenen besprochen, bevor sie erteilt wurden. In der Tat wussten die meisten Männer erst dann, was sie im nächsten Schuljahr tun würden, wenn an einem Sommertag die Aufgaben ans Schwarze Brett geheftet wurden. Die Oberflächlichkeit der Gewissensrechenschaft – bevor im letzten Viertel des 20. Jahrhunderts ihre Bedeutung für den jesuitischen Gehorsam wiederentdeckt wurde – ist nachvollziehbar. Provinzen, besonders in den Vereinigten Staaten, bestanden aus einer so großen Anzahl von Männern, dass es einem Provinzial praktisch unmöglich gewesen wäre, jedem von ihnen die Gewissensrechenschaft abzunehmen, selbst wenn er es – entsprechend Ignatius' Vorstellung – so gewollt hätte. Als die Gewissensrechenschaft nach dem Zweiten Vatikanischen Konzil wieder zu einem zentralen Bestandteil des jesuitischen Gehorsams wurde, mussten die Provinziale der größeren Provinzen stellvertretende Provinziale einsetzen, die diese Aufgabe für sie übernahmen.

Darüber hinaus wurde die persönliche Erfahrung nur wenig wertgeschätzt. Über weite Strecken des 19. und 20. Jahrhunderts war sie in Theologie und Praxis der Katholischen Kirche noch ein Mittel gewesen, um Gottes Willen Präsenz zu erfahren. Nun aber wurde Gottes Wille ergründet, indem man Autoritäten zuhörte. In dieser Atmosphäre, in der ein persönliches Urteilsvermögen beinahe keine Rolle mehr spielte, konnte von einer kreativen Spannung zwischen Gehorsam und Lernen aus eigener Erfahrung nicht mehr die Rede sein.

Die beschriebene Spannung innerhalb der jesuitischen Spiritualität kann ihre Kraft und Kreativität aber auch dann verlieren, wenn die Oberen ihre Glaubwürdigkeit einbüßen. Dies kann geschehen, wenn einem Oberen selbst der Glaube an seine eigene Autorität abhandenkommt. Dann lässt er sich zum Beispiel von der Mehrheitsmeinung seiner Berater steuern, und zwar selbst dann, wenn ihm durch die Gewissensrechenschaft Einblicke zuteilwurden, die die Meinung der Mehrheit inakzeptabel machen. Zweitens kann der Verlust der Glaubwürdigkeit auch eintreten, wenn ein Oberer alle Entscheidungsfreiheit dem Individuum überlässt. Drittens kann er auch dann stattfinden, wenn man den Oberen als jemanden wahrnimmt, der nicht wirklich Wert auf das Gebet und die Unterscheidung der Geister legt.

Dieser Verlust der Spannung trifft nicht nur die Oberen selbst. Auch bei den Jesuiten, die keine Oberen sind, verliert die Spannung ihre kreative Kraft, wenn sie den Oberen nicht trauen und während der Gewissensrechenschaft nicht offen mit ihnen reden. Das gleiche kann passieren, wenn sie sich zuerst von Eigeninteressen leiten lassen. **Die Glaubwürdigkeit der Oberen ist Voraussetzung für die Aufrechterhaltung der kreativen Spannung.** Dann werden sie versuchen, ihren eigenen Willen hinsichtlich einer bestimmten Position oder eines bestimmten Ortes durchzusetzen.

Auf Abruf

Die jesuitische Spiritualität entfaltet sich also mittels der Spannung zwischen dem Gehorsam gegenüber den Oberen und der persönlichen Unterscheidung der Geister. In dieser Spannung hoffen die Jesuiten, den Willen Gottes zu erkennen und mit Gottes Absichten in dieser Welt im Einklang zu sein.

Wir wollen diese Spannung und ihre Auflösung noch einmal anhand eines Beispiels erläutern. Robert Drinan SJ, hatte den Ruf in sich verspürt, in einem Landkreis im US-Staat Massachusetts für den amerikanischen Kongress zu kandidieren. Er erhielt die Erlaubnis seines

Provinzials und wurde gewählt. Er diente zehn Jahre lang im Kongress, von 1970 bis 1980. In dieser Zeit war er bei den Katholiken sehr umstritten. Im Jahr 1980 befahl ihm P. Arrupe, der Generalobere, nicht noch einmal für sein Amt zu kandidieren. Was tat nun Robert Drinan? Er hielt eine Pressekonferenz und tat seine Absicht kund, auf Geheiß seiner Oberen auf die Kandidatur zur Wiederwahl zu verzichten. In seinen Anmerkungen erklärte er:

„Es füllt mich mit Stolz und Ehre, ein Priester und ein Jesuit zu sein. Als Mann des Glaubens muss ich darauf vertrauen, dass es Aufgaben für mich geben wird, die auf irgendeine Weise wichtiger sind als die Arbeit, die ich nun aufgeben muss. Voller Schmerz und im Gebet begebe ich mich nun auf diesen neuen Pilgerweg."

Er erfreute sich daraufhin einer glanzvollen Karriere an der juristischen Fakultät der Georgetown University sowie als Autor. Er zeigte nie die geringste Spur von Verbitterung, obwohl es für ihn sicher nicht leicht gewesen war, der Anordnung von P. Arrupe Folge zu leisten.

6. „Ein besonderer Gehorsam"

Die Spannung zwischen dem Zentrum und den Akteuren an den Rändern der Kirche

Muss jeder Jesuit verfechten, was auch immer ein Papst lehrt – oder ist der Gehorsam dem Papst gegenüber ein Gelübde der Mobilität, um auf Anweisung des Papstes überall in die Welt zu gehen, um dort „den Seelen zu helfen"? Das Verhältnis der Gesellschaft Jesu zum Heiligen Stuhl ist voller Nuancen. Zwischen absolutem Gehorsam und eigenverantwortlichem Handeln liegen ganze Welten.

Den jesuitischen Orden und den Papst verbindet von Beginn an eine ganz besondere Beziehung. Wir haben bereits davon gesprochen, wie die ersten zehn Gefährten sich dem Papst direkt zur Verfügung stellten, nachdem sie die geplante Reise nach Jerusalem nicht hatten antreten können. Als sie den Orden gründeten, fügten sie den drei Gelübden Armut, Keuschheit und Gehorsam ein viertes hinzu. Dieses vierte Gelübde – „der besondere Gehorsam gegenüber dem Papst in Bezug auf die Sendung" – brachte den Jesuiten den nicht beson- **Für Ignatius war** ders zutreffenden Beinamen „Armee des Papstes" **das vierte Gelübde** ein. Wir berichteten auch, wie die ersten Gefähr- **einer der Grund-** ten dieses Gelübde einführten, um sich leichter **pfeiler des Ordens.** für eine Sendung überall in der Welt verfügbar zu machen, ohne von Nationalitäten und ethnischen Zugehörigkeiten beeinflusst zu werden. Klar ist auch, dass schon zur Gründungszeit der Gesellschaft Jesu das Gelübde zu Streitigkeiten führte: Einige Kardinäle hielten es für überflüssig, da schließlich *alle* Katholiken dem Papst Gehorsam schulden. Ignatius jedoch bestand auf diesem Gelübde und sah in ihm einen der Grundpfeiler der Gesellschaft Jesu. In diesem Kapitel wollen wir uns mit der Frage beschäftigen, welche Spannungen und Kontroversen dieses vierte Gelübde in der Geschichte der Gesellschaft Jesu erzeugte – und welche Folgen das hatte.

Als Erstes verwickelte das Gelübde die Gesellschaft Jesu in direkte Auseinandersetzungen, da der Papst zu jener Zeit auch weltlicher Herrscher über den Kirchenstaat war. Als solcher befand er sich oftmals im Kriegszustand mit anderen Ländern – sogar mit nominell katholischen Staaten, wie zum Beispiel Spanien und Frankreich. Jesuiten, die in diesen Ländern tätig waren, waren in ihrer Loyalität hin- und hergerissen. Auch sahen sie sich von beiden Seiten dem Verdacht der Untreue ausgesetzt: Zum einen wurden sie in dem Land, in dem sie tätig waren, der Kollaboration mit dem Feind beschuldigt. Zum anderen misstraute zum Beispiel Papst Paul IV., der mit Spanien Krieg führte, den Jesuiten. Nicht nur aufgrund von Missverständnissen, die sich ergaben, als er und Ignatius sich gemeinsam in Venedig aufhielten, sondern auch weil so viele Jesuiten, insbesondere die führenden Persönlichkeiten, Spanier waren.

Ein zweites Spannungsfeld, das sich durch das vierte Gelübde auftat, war die Reformbedürftigkeit der päpstlichen Kurie und des Papstamtes. Es grassierten Vetternwirtschaft, Bestechlichkeit und sexuelles Missverhalten. Ignatius und die ersten Jesuiten erkannten die Notwendigkeit der Reform, sahen sich jedoch gleichzeitig in der Pflicht, päpstliche Vorrechte zu verteidigen. Hierdurch brachten sie katholische Reformer gegen sich auf.

Drittens, und dies war der schwerwiegendste Grund, mussten die Jesuiten in der Ausübung ihrer Sendung sich auf ihre eigene Vernunft verlassen, wenn sie fern von Rom apostolische Entscheidungen trafen. Erwiesen sich diese Entscheidungen dann für den Papst und seine Kurie als untragbar, entstand leicht der Verdacht des Ungehorsams. Ein bedeutender Fall in der Geschichte war der so genannte Ritenstreit. Die Jesuiten in China waren zu der Entscheidung gekommen, dass einige Traditionen Chinas, zum Beispiel der Brauch die Ahnen und auch Konfuzius zu ehren, nicht als Götzendienst anzusehen waren, und deshalb von bekehrten Katholiken ausgeübt werden durften. Andere waren nicht mit dieser Einschätzung einverstanden und überzeugten im Jahr 1704 Papst Clemens XI., diese jesuitische Praxis zu verurteilen. Es kam sogar noch schlimmer: Sein Nachfolger, Innozenz XIII., beschuldigte die Jesuiten des Ungehorsams hinsichtlich dieses Dekrets; er rügte den Generaloberen auf herbe Weise, weil dieser nur unzulängliche Maßnahmen ergriff, um die chinesischen Riten zu unterdrücken. Später jedoch gab Innozenz implizit zu, dass dies nicht der Fall gewesen war und nahm die verhängten Strafmaßnahmen wieder zurück.

> Fern von Rom entstand leicht der Verdacht des Ungehorsams.

Und noch einen vierten Grund gibt es, der das vierte Gelübde zu einem Spannungsfeld für die Jesuiten macht. Das Gehorsamsgelübde gegenüber dem Papst kann so interpretiert werden, dass die Jesuiten den Papst ungeachtet des Sachverhalts und zu jedem Zeitpunkt unterstützen müssen. Manche Jesuiten haben diese Position vertreten, und andere, die diese

Sicht nicht teilten, als ungehorsam oder zumindest fehlgeleitet angesehen. Es lohnt sich, dieses heikle Thema sorgfältiger zu betrachten.

Selbstbewusster Gehorsam

Ignatius' eigene Kommentare in den *Satzungen* helfen uns, das vierte Gelübde zu verstehen. Im „Generalexamen", einem Dokument, das jenen gezeigt werden sollte, die sich im Postulat befanden, sagt er hinsichtlich dieses Gelübdes:

> *„Die Profeßgesellschaft legt neben den drei genannten Gelübden ferner das ausdrückliche Gelübde gegenüber dem Papst als dem jeweiligen Stellvertreter Christi unseres Herrn ab, überallhin zu gehen unter Gläubige oder Ungläubige, wohin Seine Heiligkeit es ihr befehlen sollte, ohne Ausrede und ohne irgendwelches Reisegeld zu fordern, für Aufgaben, welche die Gottesverehrung und das Wohl der christlichen Religion betreffen." (Satzungen 7)*

In Teil 5 der *Satzungen* erklärt eine Anmerkung, die auf die Formel des Gelübdes folgt:

> *„Die ganze Absicht dieses vierten Gelübdes, dem Papst zu gehorchen, war und ist auf die Sendungen gerichtet; und so sind die Bullen zu verstehen, in denen von diesem Gehorsam die Rede ist: in allem, was der Papst befehlen und wohin auch immer er senden sollte usw."* (Satzungen 529)

Diese Zitate machen deutlich, dass sich das vierte Gelübde auf die Verfügbarkeit für die Mission bezieht. Ignatius wollte, dass die Jesuiten bereit waren, überall dorthin zu gehen, wohin der Papst sie schickte, unter der Annahme, dass dieser die umfassendere Perspektive besaß. Ignatius folgte der Intention dieses Gelübdes, als er Franz Xaver nach Indien schickte und zwei weitere seiner ersten Gefährten, Salmerón und Broët, auf eine sehr gefährliche Mission über Schottland nach Irland entsandte. Ignatius war allerdings nicht der Ansicht, dass dieses Gelübde bedeutete, die Jesuiten hätten alles zu akzeptieren, was der Papst von ihnen verlangte. Das beweist schon die Art und Weise, wie er sich den Päpsten widersetzte, die Jesuiten zu Bischöfen küren wollten oder Franz Borja zum Kardinal. Ignatius handelte explizit gegen den Willen der Päpste und ging so weit, jegliche Hilfe anzunehmen, die er bekommen konnte, um deren Vorhaben zu durchkreuzen.

Ignatius meinte keinen absoluten Gehorsam.

Trotzdem besteht kein Zweifel daran, dass die Jesuiten von Anfang an dem, was im 19. Jahrhundert als Ultramontanismus bekannt wurde, nahe standen: der Tendenz, das Papsttum und die päpstlichen Vorrechte gegenüber jedem Eingriff in seine religiöse und säkulare Autorität zu verteidigen, ob dieser nun von innerhalb der Kirche kam oder von außen. Schließlich schuldeten sie dem Papsttum ihre Existenz und beriefen sich auf die entsprechenden päpstlichen Bullen, um sich vor Angriffen zu schützen. Noch zu Ignatius' Zeiten etwa geriet die Gesellschaft Jesu in Frankreich in Schwierigkeiten – in einem Land, das von jeher auf seinen Vorrechten als „älteste Tochter der Kirche" beharrte. Im Jahr 1556 verurteilten der Bischof von Paris und die theologische Fakultät die Jesuiten klar und deutlich:

„Diese Gesellschaft erweist sich als eine Gefahr für den Glauben, als Störenfried in der Kirche, als Ruin des monastischen Lebens; sie ist viel mehr dazu angetan zu zerstören als aufzubauen."[1]

Im Gegenzug argumentierte Ignatius, es sei „gegen den Glauben"[2], das Recht des Heiligen Stuhls in Frage zu stellen, einem Orden pastorale Privilegien zu verleihen. Die Tendenz, päpstliche Vorrechte überzubetonen, zeigte sich ein weiteres Mal, als Diego Laínez, Ignatius' Nachfolger als Generaloberer, vor dem Trienter Konzil argumentierte, dass die Bischöfe nicht deshalb Recht sprechen dürfen, weil sie Bischof sind, sondern weil sie im Dienste des Papstes handeln. Diese Meinung war von Ignatius zu Lebzeiten geteilt worden, wurde vom Konzil jedoch abgelehnt.

Die Gesellschaft Jesu fühlte sich also dem Papst gegenüber verpflichtet – auch über dessen reine Entsendungsbefugnis hinaus. Wenn sie die päpstlichen Vorrechte nach Kräften verteidigten, hielt das die Führungspersönlichkeiten des Ordens doch nicht von massiver Kritik ab, wie das folgende Beispiel zeigt. Laínez und andere Jesuiten arbeiteten unermüdlich an der Reform der päpstlichen Kurie. Laínez selbst wurde im Jahr 1556 von Paul IV. gebeten, bei der Ausmerzung der Simonie, also der Käuflichkeit von kirchlichen Ämtern, zu helfen. Er verfasste ein Traktat, in welchem die Sünden, Fehler und Skandale des Papsttums dafür verantwortlich gemacht wurden, dass die katholische Kirche den Norden Europas verloren hatte.

Verteidigung des Papsttums und harsche Kritik an ihm schließen sich nicht aus.

---

[1] John W. O Mally, Die ersten Jesuiten, Echter 1995, S. 334
[2] John W. O Mally, Die ersten Jesuiten, Echter 1995, S. 348

All dies zeigt, dass die Beziehung der Gesellschaft Jesu zum Petrusamt voller Nuancen ist, auch wenn sie in ihrer Geschichte generell zu denen gehörte, die das Papsttum gegen Angriffe auf seine religiöse Autorität verteidigten. Erstaunlicherweise sollte es nicht die offene Kritik am Heiligen Stuhl sein, sondern die Treue zu ihm, die die Gesellschaft Jesu in existenzielle Gefahr brachte.

Tiefe Verzweiflung

Im Jahr 1773 verbot Papst Clemens XIV. die Gesellschaft Jesu. Diese letzte Erniedrigung folgte auf die Zwangsausweisung aller Jesuiten aus Portugal samt aller seiner Territorien, dann aus Frankreich, und schließlich aus Spanien mitsamt seiner überseeischen Besitzungen. All diese Länder übten solch intensiven Druck auf den Papst aus, dass dieser am Ende nicht mehr standhalten konnte. Es gibt viele Gründe für die Feindschaft gegenüber den Jesuiten, nicht zuletzt deren eigene Sünden und Fehler. Giulio Cordara SJ, ein enger Freund des Generaloberen Lorenzo Ricci sowie vieler Kardinäle, schrieb einen Bericht über die Aufhebung der Gesellschaft an seinen Bruder. Gegen Ende des Werks hebt er den Stolz der Jesuiten – einen Stolz, der sich schon in der Art und Weise bemerkbar machte, in der Novizen ausgebildet wurden – als einen der Gründe hervor, warum Gott das Verbot der Gesellschaft Jesu gewollt haben könnte. Er macht jedoch ebenso deutlich, dass der Hass der Minister am Hof der Bourbonenkönige sowie des Königs von Portugal gegenüber den Jesuiten auch eine Reihe anderer Ursachen hatte. Eine von ihnen stach ganz besonders hervor: Die Jesuiten waren unerschütterliche Verteidiger des Papsttums. Und dies zu einer Zeit, als diese Länder danach strebten, ihre eigenen Vorrechte gegenüber der päpstlichen Autorität geltend zu machen.

> Jesuiten standen den nationalen Interessen der Länder im Wege.

Darüber hinaus dienten sie den Monarchen dieser Länder als Beichtväter, und wurden damit in der Vorstellung des Volkes mit deren Politik verbunden. Erinnern wir uns daran, was Ignatius zu Diego Mirón gesagt hatte, als dieser gebeten wurde, Beichtvater am spanischen Königshof zu werden: Mirón solle seine persönliche Sicherheit dem Wunsch unterordnen, Seelen zu helfen. Diese apostolische Aufgabe führte die Gesellschaft in große Gefahr, nicht nur weil die Nähe zur Macht Arroganz gebiert, sondern auch weil die Mitglieder der Gesellschaft leicht mit der Politik derer in Verbindung gebracht wurden, die an der Macht waren. Diese Mitglieder konnten viel verlieren, wenn die Politik der Machthaber in Ungnade fiel.

An diesen Beispielen zeigt sich, dass die jesuitische Spiritualität, die von Spannungen geprägt ist, tatsächlich die Existenz der Gesellschaft aufs Spiel setzen kann. Und zwar nicht nur dann, wenn sich einige Jesuiten Schwäche erlauben und von der einen oder anderen Seite dieser Spannung verführt werden. Sondern gerade auch dann, wenn „sie alles richtig machen" und deshalb in starken politischen und religiösen Konflikten zwischen die Fronten geraten.

Wie ging es mit dem jesuitischen Orden nach dessen Verbot weiter? Die meisten Jesuiten reagierten vorbildlich und mit großem Mut auf dieses Verbot. Sie fügten sich der päpstlichen Verordnung, ohne sich von der Kirche zu entfremden. Die meisten Jesuiten wurden Diözesanpriester, und viele von ihnen blieben über Jahre miteinander in Kontakt. Lorenzo Ricci, der damalige Generalobere, wurde im päpstlichen Gefängnis Castel Sant'Angelo gefangen gehalten, wo man ihn grausam misshandelte. Kurz vor seinem Tod in jenem Gefängnis erlaubte man ihm endlich, die heilige Kommunion zu empfangen. Als der Priester die Hostie emporhielt, verlas Ricci eine Erklärung, in der er, in der Gewissheit, bald vor seinem Schöpfer zu stehen, bekräftigte, dass die Gesellschaft ebenso wenig Anlass für ihre Unterdrückung gegeben habe, wie er für seine Gefangennahme.

Das Verbot der Gesellschaft Jesu übte auch noch auf eine andere Weise starken Druck auf die Jesuiten aus: In Russland und Preußen weigerten sich die Herrscher, der päpstlichen Aufhebung des Ordens Folge zu leisten. Die Provinziale waren in einer Zwickmühle und baten Rom um Weisung. In Preußen wurde der Konflikt gelöst, als König Friedrich und der Vatikan zu einer diplomatischen Lösung fanden, nach der die Gesellschaft Jesu auch dort aufgelöst werden sollte. In Russland weigerte sich Katharina die Große hartnäckig, die Veröffentlichung des Aufhebungsdekrets zu gestatten, und das obwohl der Provinzial ihr erklärte, dass sich aufgrund des geleisteten Gehorsamsgelübdes die Jesuiten in Gewissensnöte befanden. Katharina wollte diese großartigen Lehrmeister nicht verlieren. Der Provinzial appellierte an Papst Pius VI., indem er ihm die schwierige Situation schilderte, in der sich die Jesuiten befanden. Er bat ihn um ein Zeichen, dass er nicht enttäuscht von ihnen war. Die mündliche Antwort des Papstes war wohl absichtlich rätselhaft, oder zumindest ambivalent genug, um es der Gesellschaft Jesu zu erlauben, weiterhin mit gutem Gewissen als Jesuiten in Russland und den angegliederten Ländern

Katharina die Große wollte die großartigen Lehrmeister nicht verlieren.

fortzubestehen. Schlussendlich erteilte der Papst den Jesuiten in Russland sogar seine ausdrückliche Approbation – die Gesellschaft Jesu existierte in den von Katharina regierten Ländern fort und begann sogar aufzublühen.

Im Ungleichgewicht

Als sie im Jahr 1814 wiederhergestellt wurde, hieß die Gesellschaft Jesu die früheren Mitglieder, die noch am Leben waren, wieder in ihren Reihen willkommen. Innerhalb kürzester Zeit hatte die Gesellschaft Jesu eine große Zahl neuer Bewerber zu schulen. Doch in der Ausbildung dieser neuen Männer hatte sich Grundlegendes geändert: Sie zielte darauf, nur noch *eine* Seite der Spannungen, die wir in diesem Buch beschreiben, zu berücksichtigen. So wurde etwa der Gehorsam betont, die individuelle Unterscheidung der Geister jedoch vernachlässigt. Ebenso wurde das vierte Gelübde als absolute Loyalität gegenüber dem Petrusamt interpretiert.

Ab jetzt galten nur noch Gehorsam und Loyalität.

Im 19. und frühen 20. Jahrhundert hatte sich das Papsttum mit den schwächelnden Monarchien Europas verbündet, um sich dem Aufstieg des Nationalismus sowie der Demokratie entgegenzustellen. Somit fand sich die wiederhergestellte Gesellschaft Jesu stark mit dem Papsttum und den Monarchien verbunden. In der säkularen Welt Europas bedeutete dies, dass die Jesuiten oft auf der Seite der „Rechten" und damit in Opposition zur „Linken" standen.

Der Papst setzte alle Hebel in Bewegung, um die politische Kontrolle über den Kirchenstaat gegen die Mächte zu behaupten, welche die Vereinigung Italiens unter einer säkularen Regierung anstrebten. Die Jesuiten schalteten sich in diese Auseinandersetzung ein, um die Vorrechte des Papstes zu verteidigen. Zudem kämpften die Päpste immer verbitterter darum, die Autorität der Kirche zu zentralisieren. Im Ersten Vatikanischen Konzil erreichte Pius IX. – unter anderem mit Hilfe der Jesuiten – dass die päpstliche Unfehlbarkeit als Dogma definiert wurde.

Die Autorität der Kirche sollte zentriert werden.

So kam es, dass die Gesellschaft Jesu als das Bollwerk des Papsttums angesehen wurde, sowie, in einigen Fällen, als das Bollwerk von nationalen Regierungen, die verzweifelt versuchten, sich den Kräften der

Demokratisierung und des Kommunismus entgegenzustemmen. Doch dieses Bollwerk war nicht so monolithisch, wie es den Anschein hatte.

Im frühen 20. Jahrhundert waren einige Jesuiten an Unternehmungen beteiligt, die im Widerspruch zur vorherrschenden Orthodoxie standen. Sie bekamen deswegen nicht nur Schwierigkeiten mit der römischen Kurie, sondern auch mit ihren jeweiligen Generaloberen. In Frankreich und in anderen Ländern begannen Zentren für Sozialanalyse die soziale Ordnung in Frage zu stellen, unter der die Arbeiterklasse zu leiden hatte. In den Vereinigten Staaten engagierten sich Jesuiten in der Gewerkschaftsarbeit sowie in Schulen für die Arbeiterschicht. Am Modernismusstreit im frühen 20. Jahrhundert waren auch Jesuiten beteiligt, infolge dessen einige von ihnen zu Häretikern erklärt wurden und die Kirche verlassen mussten.

Dies alles zeigt noch einmal klar, dass die Jesuiten nie eine Gruppe von Gleichdenkern waren. Auch nach dem Zweiten Vatikanischen Konzil blieb die Beziehung zwischen dem Papsttum und den Jesuiten im wahrsten Sinne des Wortes spannungsreich.

Tiefe Gräben

Wir wollen uns nun einige Schlüsselereignisse in der Zeit des Zweiten Vatikanischen Konzils 1962–65 und danach vor Augen führen. Einige Jesuiten spielten wichtige Rollen auf jenem Konzil. Henri de Lubac aus Frankreich, Karl Rahner aus Deutschland und John Courtney Murray aus den Vereinigten Staaten wurden zum Beispiel als theologische Experten berufen und waren maßgeblich an der Abfassung von mehreren wegweisenden Dokumenten des Konzils beteiligt. Dabei hatten alle drei noch in den Jahren nach dem Zweiten Weltkrieg ihrer theologischen Schriften wegen unter kritischer Beobachtung gestanden.

Im Blick auf die Wurzeln und auf die Anforderungen der Moderne

Diese Jesuiten und andere waren Teil der theologischen Gegenströmung. Trotz der Atmosphäre des Misstrauens und der Angst, die die katholische Kirche in der Folge des Modernismusstreites am Anfang des Jahrhunderts kennzeichnete, haben sie die Rahmenbedingungen für die Durchbrüche des Konzils geschaffen. Die Dekrete des Konzils forderten die Ordensgemeinschaften auf, sich mit Rückgriff auf die Wurzeln ihres Charismas und im Blick auf die Anforderungen der Moderne zu erneuern.

Nur so war es möglich, einige der scheinbar altbewährten Denk- und Handlungsweisen in der Kirche zu hinterfragen. In den Jahren nach dem Konzil fand eine grundlegende kulturelle und spirituelle Veränderung statt. Gleichzeitig wurde die Kirche von Konflikten zwischen denen, welche die Veränderungen begrüßten, und jenen, die sie unerträglich fanden, gespalten.

Diejenigen unter uns, welche diese Zeiten durchlebt haben, waren sich möglicherweise nicht bewusst, wie turbulent sie tatsächlich waren. Dabei kann diese Periode zweifelsohne mit den Veränderungen im Zuge der Reformation verglichen werden. Zur Desorientierung trug bei, dass die Veränderungen ihren Ursprung innerhalb der Kirche hatten, und nicht einer externen und feindlichen Quelle entsprangen, wie dies während der Reformation der Fall gewesen war.

Auch die Jesuiten selbst wurden von der Welle der Veränderung erfasst, an deren Entstehen sie doch mitgewirkt hatten. Innerhalb einer kurzen Zeitspanne veränderte sich das Erscheinungsbild der Gesellschaft so radikal, dass einige sich fragten, ob dies noch immer dieselbe Gesellschaft Jesu war. Die 31. Generalkongregation in den Jahren 1965-66 sowie die 32. im Jahr 1975 waren der Versuch der Gesellschaft Jesu, das umzusetzen, was das Vatikanische Konzil von den Ordensgemeinschaften verlangt hatte. Diese Generalkongregationen – insbesondere die 32. – verursachten große Spannungen innerhalb des Ordens und führten zu schwerwiegenden Differenzen zwischen der Gesellschaft Jesu und den Päpsten. Das neuralgische Thema bei der 32. Generalkongregation war die Frage, welche Personen vier Gelübde (Professen) und welche mit weniger Rechten nur drei Gelübde (Koadjutoren) ablegen durften. Dieser Punkt war so umstritten, dass Papst Paul VI. persönlich in die Beratungen eingriff. In den Diskussionen unter Jesuiten der ganzen Welt, die der Generalkongregation vorausgegangen waren, hatte sich ein Konsens gebildet. Dieser besagte, dass es an der Zeit war, die hierarchische Struktur zwischen Professen und Koadjutoren zu beseitigen. Der Papst war mit dieser Wendung nicht einverstanden, und teilte dies Pater Arrupe, dem Generaloberen, im persönlichen Gespräch mit. Doch Arrupe und seine Delegierten waren der Überzeugung, dass sie die Frage zumindest diskutieren sollten, da sie diesbezüglich Unmengen von Anfragen vonseiten der offiziellen Provinzsymposien erhalten hatten. Sie waren auch der Ansicht, dass sie das Recht zu dieser Diskussion hatten, da der jesuitische Gehorsam es erlaubte, einem Oberen Fragen bezüglich einer Anordnung zu stellen. Es kam zur Diskussion und zu einer Probeabstimmung.

Als Papst Paul davon hörte, war er sehr zornig und verkündigte den Mitgliedern, dass sie sich seinem Willen widersetzt hätten. Dieser Eingriff brachte die Delegierten aus der Fassung. Einige von ihnen sprachen im Nachhinein sogar von einem Trauma, das sie erlitten, als sie des Ungehorsams bezichtigt wurden. Die Tatsache, dass sie so empfanden, zeigt, wie tief das vierte Gelübde in ihrem Gewissen verankert war. Als gehorsame Jesuiten verfolgten sie das Thema nicht weiter. Doch die Missstimmung zwischen Papst und Jesuiten blieb bestehen.

Ringen um die Zukunft

Der Nachfolger Pauls VI., Johannes Paul I., hatte eine Rede für eine Versammlung von Jesuiten vorbereitet, in der er Bedenken wegen einiger jesuitischer Aktivitäten sowie seine Sorge über die Richtung, in welche die Gesellschaft steuerte, äußern wollte. Doch Johannes Paul I. starb nur einen Monat nach seiner Wahl. Der nächste Papst, Johannes Paul II., teilte die Zweifel. Als Pedro Arrupe sich im Jahr 1980 mit dem Einverständnis seiner Berater sowie der Provinziale der Gesellschaft Jesu überall auf der Welt dazu entschied, sein Amt als Generaloberer wegen alters- und gesundheitsbedingter Gründe niederzulegen, teilte ihm Johannes Paul II. mit, dass er Zeit brauche, um darüber nachzudenken. Er wurde jedoch bald danach zum Opfer eines versuchten Mordanschlags und kam nicht dazu, Arrupe zu antworten. Im August 1981 erlitt Arrupe auf der Rückkehr von einer Asienreise einen schweren Schlaganfall. Den Satzungen gemäß ernannte Arrupe einen seiner Assistenten, Vincent O'Keefe, zum Generalvikar.

> Für viele Jesuiten war es ein Trauma, des Ungehorsams bezichtigt zu werden.

Am 6. Oktober 1981 zeigte Johannes Paul, wie sehr er den Jesuiten misstraute, indem er seinen eigenen persönlichen Delegaten, P. Paolo Dezza SJ, als Leiter der Gesellschaft Jesu einsetzte. Dieser Eingriff war von ihm als längerfristige Maßnahme gedacht. Das zeigte sich darin, dass er Giuseppe Pittau, den Provinzial von Japan, zu Dezzas Stellvertreter und Nachfolger bestimmte, falls dieser arbeitsunfähig werden sollte (Dezza war zu diesem Zeitpunkt über 80-jährig und fast blind). Diese Intervention war ein schwerer Schlag für die Gesellschaft. Die Art und Weise, in der die Jesuiten reagierten, verrät uns noch einmal einiges über ihre Spiritualität und ihr Verständnis des vierten Gelübdes.

Einige Jesuiten begrüßten den Eingriff des Papstes. Einer von ihnen sagte, dass er und seine Freunde hofften, Pater Dezza möge alle Berufungen Pater Arrupes, also alle damaligen Provinziale, austauschen. Doch die große Mehrheit war fassungslos und fragte sich, was die Gesellschaft getan haben konnte, um eine solche öffentliche Demütigung zu verdienen. Und dennoch verlangten Pater Arrupe und seine Assistenten Gehorsam und Respekt gegenüber der Entscheidung des Papstes. Diese Entscheidung sollte als Gottes Wille zu diesem Zeitpunkt angesehen werden. Soweit wir wissen, verließ kein Jesuit aufgrund dieser Vorgänge die Gesellschaft oder die Kirche. Die Reakti

Sie konnten die päpstliche Entscheidung nicht nachvollziehen, wollten sie aber respektieren.

onen reichten von Trauer und Sorge zu Schock und Wut, doch kein Jesuit ging an die Öffentlichkeit, um die Entscheidung des Papstes anzufechten. Einige deutsche Jesuiten, unter ihnen Karl Rahner, schrieben dem Papst einen respektvollen Brief, in dem sie ihm mitteilten, dass sie seine Maßnahme nicht nachvollziehen konnten, ihr jedoch folgen würden. Die Provinziale der USA schrieben einen vergleichbaren Brief.

Überraschenderweise kam es unter Pater Dezzas Führung zu keinerlei Orientierungswechsel in der Ordensleitung der Gesellschaft. Die Lage entspannte sich sogar wieder merklich. Dezza rief zu einem Treffen der Provinziale aus der ganzen Welt auf, bei dem der Papst eine freundliche Rede hielt und andeutete, dass bald eine Generalkongregation zur Wahl eines neuen Generaloberen stattfinden würde. Dies war der Fall im September 1983. Entgegen den Erwartungen einiger schaltete sich der Papst nicht ein, wie es mindestens ein früherer Papst getan hatte, um seinen bevorzugten Kandidaten für das Amt des Generaloberen zu platzieren.

Im ersten Wahlgang wurde Peter Hans Kolvenbach gewählt, ein Niederländer, der jahrelang im Mittleren Osten tätig gewesen war. Pedro Arrupe wurde von den Delegierten der Versammlung mit großer Herzlichkeit empfangen, und Papst Johannes Paul II. sprach mit großer Hochachtung von ihm und der Art und Weise, in der die Gesellschaft auf seine Intervention [die des Papstes] reagiert hatte.

In den Jahren nach 1983 normalisierte sich die Beziehung zwischen der Gesellschaft Jesu und dem Papsttum wieder. Dies soll nicht bedeuten, dass alles nun in ruhigen Bahnen verläuft. Die Kirche durchlebt schwierige Zeiten, und wir alle versuchen, uns im Strudel der Postmoderne zurechtzufinden. Dies führt unter anderem dazu, dass jesuitische Gelehrte wegen ihrer theologischen Schriften attackiert werden. Im Jahr 1999 etwa begann die Vatikanische Glaubenskongregation Ermittlungen gegen Jacques Dupuis, einen prominenten jesuitischen Professor an der Päpstlichen Universität Gregoriana in Rom. Dessen Buch „Unterwegs zu einer christlichen Theologie des religiösen Pluralismus" versucht, zu einem theologischen Verständnis hinsichtlich der Frage zu gelangen, wie Anhänger von nicht-christlichen Religionen zur Erlösung finden können. Über zwei Jahre lang durfte Dupuis nicht unterrichten, während die Untersuchung und der Prozess ihren Lauf nahmen. Für ihn war es eine qualvolle Zeit, und es verlangte ihm viel ab, in fortgeschrittenem Alter des Abfalls vom katholischen Glauben bezichtigt zu werden. Im Jahr 2001 wurde er schließlich von diesem Verdacht freigesprochen.

> **Wir alle versuchen, uns im Strudel der Postmoderne zurechtzufinden.**

Dass Jesuiten immer noch respektvoll ihre Sicht der Wahrheit aussprechen, selbst dem Papst gegenüber, zeigt sich in einem kontroversen Leitartikel vom 9. April 2001, der sich im Nachhinein mit dem Fall Dupuis befasste. Dieser Artikel wurde in der Wochenzeitschrift „America" veröffentlicht, die von den Jesuiten der Vereinigten Staaten herausgegeben wird. Er endet mit dem folgenden Absatz:

Die inquisitorischen Methoden der Glaubenskongregation sind nicht mehr zeitgemäß und missachten die Rechte des Menschen. Sie sollten unverzüglich aufgehoben werden. Es existiert genug Intelligenz in der katholischen Gemeinschaft, vom Geist Gottes geschaffen und aufrechterhalten, um bessere Methoden zu finden, den Glauben zu schützen. Papst Johannes Paul II. hat Mut gezeigt, als er sich für den Umgang mit Galileo sowie für andere Sünden der Kirche entschuldigte, doch ein Schuldbekenntnis sollte mit der klaren Absicht zur Besserung einhergehen."

Zusammenfassend können wir feststellen: Im besten Falle zeigen Jesuiten Gehorsam gegenüber den Papst, und sind doch keine willenlosen Marionetten. Sie glauben, dass der Geist Gottes sich in allen Menschen und durch alle Menschen Gottes äußert, und dass die Institutionen der Kirche und alle Gläubigen auf diese Stimme achten müssen. So zeigt sich die jesuitische Spiritualität ein weiteres Mal als eine Spiritualität der kreativen Spannungen.

7. „Für das höchste Ziel"

Kreative Spannungen bei der Frage nach dem Besitz

Ignatius wollte nicht, dass die Gesellschaft Jesu ein festes Einkommen erzielt. Nur aus der Armut heraus können sich Jesuiten glaubwürdig für die Armen einsetzen. Doch zum effektiven Wirken in der Welt gehört l auch Geld, z.B. Rentenfonds für Lehrende an den Schulen. Die Gesellschaft Jesu muss den Spagat zwischen Armutsgelübde und der Verantwortung für die von ihnen getragenen Einrichtungen und apostolischen Werke meistern. Schaffen sie das, ohne sich zu weit von ihren Wurzeln zu entfernen?

In den *Satzungen* schreibt Ignatius über die Armut: „*Die Armut als feste Mauer des Ordens werde geliebt und in ihrer Lauterkeit bewahrt, soweit es mit der göttlichen Gnade möglich sein sollte.*" (Satzungen 553) Um diese starke Mauer zu schützen, fordert er, dass all jene, die die Profess ablegen, „*versprechen, sich nicht dazu bereitzufinden, in den Satzungen abzuändern, was die Armut betrifft, außer etwa, um sie auf irgendeine Weise entsprechend den Vorkommnissen im Herrn enger zu machen.*" (Satzungen 553)

Während Ignatius die Satzungen verfasste, beschäftigte er sich sehr stark mit der Frage der Armut. Die einzigen Seiten, die von seinem offenbar umfangreichen spirituellen Tagebuch erhalten blieben, umfassen den Zeitraum zwischen Februar 1544 und Februar 1545. Damals versuchte er zu entscheiden, ob selbst die Kirchen der Gesellschaft Jesu kein festes Einkommen haben und stattdessen von Almosen leben sollten. Ignatius tat sich schwer mit dieser Frage, da er sich gedrängt sah etwas zu verändern, worüber sich alle der ersten Gefährten eigentlich einig gewesen waren: nämlich dass die Kirchen ein festes Einkommen beziehen durften, um ihren Unterhalt zu gewährleisten.

Das Tagebuch ist ein außergewöhnliches Dokument, in dem uns ein intensives geistliches Leben offenbart wird, gekennzeichnet von inneren Visionen der Dreifaltigkeit und großer Tröstung. Aufgrund seiner Erfahrungen kam Ignatius zu der Überzeugung, dass die Gesellschaft Jesu keinerlei festes Einkommen beziehen sollte, nicht einmal zum Erhalt ihrer Kirchen. Die Gesellschaft sollte von Almosen leben, und die Jesuiten sollten weder Gehalt noch jegliche andere Art von Vergütung für ihr Wirken akzeptieren. Das „Arbeiten für Gotteslohn" sollte nach Ignatius Willen zur Norm für alle Jesuiten werden.

Ignatius war die Frage der Armut sehr wichtig.

Jeder, der eine jesuitische Schule besucht oder in einer jesuitischen Kirche um eine Trauermesse gebeten hat, mag sich fragen, was geschehen ist, seit Ignatius die Satzungen verfasst hat: Die Jesuiten verlangen Schulgeld, bitten für gewisse Messen um einen Geldbetrag und beziehen Gehälter. Sind die Jesuiten vom Pfad der Armut ihrer Gründungsdokumente abgewichen? Ist die feste Mauer ihres Ordens eingebrochen? Dies sind die Fragen, auf die wir in diesem Kapitel eingehen werden.

Die frühen Jesuiten kosteten mit ganzem Herzen aus, dass sie ihren Dienst ohne Lohn verrichteten, denn das Leben allein von Almosen hielt große spirituelle Tröstungen für sie bereit. Und es brachte ihnen die Anerkennung derer, denen sie aus dieser Armut heraus dienten. Man sah in ihnen einen Gegenentwurf zu vielen anderen Priestern, die ihre Weihe offensichtlich nur als Geldquelle nutzten. In den ersten Jahren nach der Gründung der Gesellschaft hatten die Jesuiten wenige feste Wohnsitze, und diese waren die sogenannten Professhäuser, die allein in Form von Almosen unterstützt werden durften. Doch schon bald führte der Erfolg der Gesellschaft Jesu dazu, dass immer mehr junge Männer ihr beitreten wollten. Viele dieser Novizen benötigten Ausbildung und Bildung, und die beste Art und Weise, diese bereitzustellen, schie- nen von Jesuiten geführte Schulen zu sein. Darü- **Die Jesuiten** ber hinaus führte die von uns im zweiten Kapitel **waren auf Spenden** bereits erwähnte Bitte des Vizekönigs von Sizilien **angewiesen.** an die Jesuiten, in Messina eine Schule die Kinder ihrer Untertanen zu eröffnen, noch zu Ignatius' Lebzeiten zur Gründung einer größeren Anzahl solcher Schulen. In Rom selbst gründete Ignatius das Römische Kolleg, welches später zur Universität Gregoriana werden sollte.

Wie alle jesuitischen Dienste sollten diese Schulen ihre Schüler nichts kosten. Dies bedeutete, dass sie auf Stiftungen angewiesen waren. So wurden Ignatius und die Jesuiten zwangsläufig zu Spendensammlern. Eine von Ignatius' größten Sorgen war die finanzielle Situation des Römi- schen Kollegs. Erst als es von Papst Gregor XIII. unterstützt wurde, war sei- ne Existenz gesichert. Das Bedürfnis, Geld für Stiftungen für die Kollegien sowie für die Ausbildung junger Jesuiten zu beschaffen, brachte die Gesell- schaft Jesu bereits zu Ignatius' Zeiten dazu, sich zu fragen, wie sie arm blei- ben konnten, wo sie doch gleichzeitig alles in ihrer Macht Stehende taten, um finanzielle Hilfe von reichen Leuten zu bekommen.

Keine Angst vor Geld

Von Anfang an brachte der Bedarf an Geldmitteln die Jesuiten in Kontakt mit wohlhabenden Förderern, von denen zumindest einige einen Lebenswandel pflegten, der nicht unbedingt als mustergültig zu bezeichnen war. Fromme Menschen waren entrüstet, als sie erfuhren, dass Jesuiten mit Menschen von fragwürdiger Moral verkehrten. Zu Ignatius' Zeit etwa hatte der Bischof einer spanischen Diözese eine Mätresse und sechs Kinder. Nachdem er von einem Jesuiten für deren Sache gewonnen worden war, gab er der Gesellschaft Jesu zwar das Haus seiner Mätresse, doch er selbst blieb bei seinen „sündhaften Gewohnheiten".

„Die Jesuiten tragen Baal zusammen mit der Lade des Herrn", so hieß es. Doch Ignatius stand hinter seiner Entscheidung und schrieb dem freigiebigen Prälaten einen Brief, in dem er sich bei ihm für dessen Großzügigkeit bedankte. Selbst einige Jesuiten schienen über die Kontakte, die sie pflegen mussten, empört gewesen zu sein. Einem von ihnen schrieb Ignatius im Jahr 1549:

„Ihr scheint zu behaupten, dass derjenige, der für gute und unserem Herrn wohlgefällige Zwecke Gebrauch macht von irdischen Hilfsmitteln oder Gütern oder die Unterstützung anderer Menschen akzeptiert, die Knie vor Baal beuge. Es scheint jedoch eher, dass derjenige Mensch, der glaubt, dass es schlecht sei, auf solcherlei Unterstützung zurückzugreifen oder jene Gabe zusammen mit den anderen, die ihm von Gott geschenkt worden sind, zu benutzen – da ihm die Vermischung von solcherlei Hilfsmitteln mit den höheren der Gnade eine Gärung oder ein unheilbringendes Gemisch zu erzeugen scheint – nicht gelernt hat, alle Dinge auf Gottes Ehre hin zu ordnen, und einen Nutzen aus und mit all diesen Dingen für das höchste Ziel zu gewinnen, welches die Ehre und der Ruhm Gottes ist." (Clancy, S. 21–22)[1]

Diese Mahnung erinnert uns an Ignatius' Brief an Diego Mirón, der zögerte, Beichtvater am spanischen Königshof zu werden, da er seine Seele in Gefahr wähnte: „Das höchste Ziel" besitzt oberste Priorität, alles andere ist diesem Ziel untergeordnet. Diese Klarheit in den Zielen bedeutete aber nicht, dass die Jesuiten keine Geldsorgen gehabt hätten.

---

[1] Thomas H. Clancy, Saint Ignatius as Fund-Raiser, S. 21–22. (Die deutsche Übersetzung für dieses Buch erstellt) Der Aufsatz ist zu beziehen über http://ejournals.bc.edu/ojs/index. php/jesuit/issue/view/455.

Einen Eindruck von der Dringlichkeit der finanziellen Frage sowie von Ignatius' Einstellung diesbezüglich gewinnen wir durch folgendes Postskriptum zu einem Brief an den jesuitischen Rektor Alfonso Roman im spanischen Saragossa:

> *„Bitte habe Nachsicht mit mir, wenn ich über Geldangelegenheiten so spreche, als wären diese von absoluter Wichtigkeit. Da ich mehr als 160 hungrige Mäuler stopfen muss, von den Kosten des Unterhalts für die Gebäude ganz zu schweigen, ist es wirklich wahr, dass mir die Briefe, in denen von Geldzahlungen die Rede ist, am besten gefallen. Sie helfen mir dabei, dass die Arbeit der Kollegien weitergehen kann, d.h. ich bin zum Wohl der Kollegien hinter dem Geld her. In erster Linie aus einem heiligen Gehorsam heraus, der mich in diesen oder ähnliche Angelegenheiten gestellt hat. Möge Christus unser Herr all mein Tun annehmen! Sicher ist es auch – ohne dass Gehorsam im Spiel wäre – wahr, dass es ausreichen würde zu sehen, wie groß und außergewöhnlich diese Arbeit im Dienste Gottes ist, ein Dienst, für den ein solches Tun sehr notwendig ist."*[2]

Die Jesuiten hatten klare Ziele – aber auch Geldsorgen.

All das bisher Gesagte zeigt uns, dass Ignatius keine Scheu hatte, Menschen um Geld zu bitten – selbst Männer, die einen eher unappetitlichen Lebenswandel führten. War er doch davon überzeugt, dass Gott die Gesellschaft Jesu dazu aufgerufen habe, im apostolischen Werk der Bildung tätig zu sein – und dass dieses Werk auch überaus fruchtbar sei.

Das richtige Ziel im Blick

Die Einsatzfähigkeit der Jesuiten war allerdings nicht nur von ihrer Ausbildung abhängig. Ignatius war auch um das körperliche Wohlergehen seiner Männer in Rom besorgt. Da die Luft dort sehr ungesund war, kaufte er ein Landhaus außerhalb der Stadt, so dass Jesuiten sich dort in gesünderer Umgebung aufhalten konnten. Tatsächlich schreibt er in den letzten Zeilen der *Satzungen* von der Notwendigkeit, die Gesundheit der Jesuiten zu schützen: „Dafür ist es auch angebracht, darauf achtzuhaben, dass man die Häuser und Kollegien an Orten hat, die gesund sind und gute Luft haben, und nicht an solchen, welche die entgegengesetzte Eigenschaft haben." (Satzungen 827)

---

[2] Personal writings, S. 266

Wir sehen also, dass die Armut an den Bedürfnissen des Apostolats gemessen wurde; sie war kein Selbstzweck. Für Jesuiten ist sie ein Mittel, um den Seelen zu helfen. Im besten Fall versuchen sie, dem Beispiel des „Prinzips und Fundaments" der Geistlichen Übungen zu folgen.

> **Die Armut war kein Selbstzweck, sondern Mittel, den Seelen zu helfen.**

„Der Mensch ist geschaffen dazu hin, Gott Unseren Herrn zu loben, Ihm Ehrfurcht zu erweisen und zu dienen, und damit seine Seele zu retten. Die andern Dinge auf der Oberfläche der Erde sind zu Menschen hin geschaffen, und zwar damit sie ihm bei der Verfolgung des Zieles helfen, zu dem hin er geschaffen ist. Hieraus folgt, dass der Mensch dieselben so weit zu gebrauchen hat, als sie ihm auf sein Ziel hin helfen, und sie so weit zu lassen hat, als sie ihn daran hindern. Darum ist es notwendig, uns allen geschaffenen Dingen gegenüber gleichmütig (indifferentes) zu verhalten in allem, was der Freiheit unseres freien Willens überlassen und nicht verboten ist. Auf diese Weise sollen wir von unserer Seite Gesundheit nicht mehr verlangen als Krankheit, Reichtum nicht mehr als Armut, Ehre nicht mehr als Schmach, langes Leben nicht mehr als kurzes, und folgerichtig so in allen übrigen Dingen. Einzig das sollen wir ersehnen und erwählen, was uns mehr zum Ziele hinführt, auf das hin wir geschaffen sind." (EB 23)

So lange ihre Augen auf Gott und die Bedürfnisse von Gottes Geschöpfen gerichtet sind, können die Jesuiten im Gebrauch der Güter dieser Welt sehr scharfsichtig Unterscheidungen treffen. Doch wenn sie diesen Fokus nicht mehr haben, können die Dinge aus dem Ruder laufen, wie das Beispiel von Antoine Lavalette zeigt, das wir gegen Ende des ersten Kapitels erwähnten. Der richtige Fokus allein genügt jedoch nicht. Selbst wenn ihre Augen auf Gott und die Bedürfnisse von Gottes Geschöpfen gerichtet sind, müssen Jesuiten sich vor Versuchungen unter dem Schein des Guten hüten.

Mit anderen Worten: Sie könnten sich durch die Flucht in rationale Erklärungen ohne weiteres dazu verführen lassen, im Namen des Apostolats beinahe jeden Luxus zu rechtfertigen. Doch Ignatius sagte ihnen, dass sie die Spannung aushalten sollten, um mit ihrer Hilfe zu unterscheiden, wie sie materielle Güter und Geldmittel für andere Menschen am besten nutzen konnten. Sie sollten nicht versuchen, dieser Spannung durch die Wahl einer radikalen Armut zu aus dem Weg zu gehen. Denn eine radikale Armut wäre der leichtere Weg – sie lässt keine Fragen mehr offen – aber auch ein ineffektiver.

Wie arm ist arm?

Es gilt immer noch, die Frage zu beantworten, ob die Gesellschaft Jesu in der Frage der Armut von den ursprünglichen Vorstellungen ihres Gründers abgekommen ist. Nachdem sie im Jahr 1814 als Orden wieder zugelassen worden war, stand die Gesellschaft vor der gewaltigen Aufgabe, alle ihre apostolischen Werke wieder von vorne zu beginnen. Die meisten ihrer ehemaligen Schulen waren unwiderruflich verloren. In vielen Ländern Europas und Südamerikas findet man wunderbare öffentliche Gebäude, die einst Jesuitenschulen waren. Diese wurden von den jeweiligen Regierungen in der Zeit des Verbots der Gesellschaft Jesu übernommen und danach nicht wieder zurückgegeben. Die Suche nach Spendern für die Gründung und vollständige Finanzierung neuer Schulen stellte sich als beinahe unmöglich heraus. Es war notwendig, Schulgeld zu verlangen. Um ihr Wirken im Inland und Ausland zu finanzieren, mussten die Jesuiten weiterhin um Geld für das Feiern von Messen bitten. Sie wandten sich an den Papst, um von ihrem Gelübde, keinen Lohn für das Unterrichten von Menschen zu nehmen, befreit zu werden. Er gab ihrer Bitte statt, und der Dispens wurde über ein Jahrhundert lang regelmäßig erneuert.

Der Neuanfang verlangte nach neuen Grundsätzen.

Doch die Notwendigkeit, einen Dispens zu erbitten, plagte die Jesuiten. Sie fragten sich, wie dieses Vorgehen mit dem Gelübde der Jesuiten, in Armut zu leben, zu vereinbaren war. Ebenso fragten sie sich, wie eine Generalversammlung dieses Thema behandeln konnte, verbot das Gelübde doch die Teilnahme an jeglicher Diskussion über Änderungen am Armutsprinzip, es sei denn, es ginge darum, dieses zu verschärfen. Die Jesuiten saßen in einer Zwickmühle fest.

Die 31. Generalversammlung (1965–66) widmete sich diesem Problem, indem sie das Gelübde in folgender Stellungnahme interpretierte: „Die Generalkongregation erklärt verbindlich, dass der Inhalt des Gelübdes, die Armut nicht zu lockern, vollständig in der Aussage definiert ist: ‚Abzuändern, was die Armut betrifft' bedeutet, lockerer zu werden in Bezug auf die Annahme irgendwelcher festen Einkünfte oder irgendwelchen Besitzes für den eigenen Gebrauch oder für Sakristei oder für irgendeinen anderen Zweck, außer was die Kollegien und Prüfungshäuser betrifft.' Darum sind die Professen durch ihr Gelübde nur verpflichtet, keine festen Einkünfte für die Profeßhäuser und unabhängigen Residenzen zuzulassen;" (31 GK, Dekret 4, Nr. 14) Das heißt beispielsweise, dass ein Jesuit, der als

Priester in einer Gemeinde oder einem Tagungshaus wirkt, keinen Lohn von der Diözese bekommt; dafür aber der Jesuitenorden ein sogenanntes Gestellungsgehalt bezieht.

Zur Zeit der 31. Generalkongregation lebten und arbeiteten die meisten Jesuiten in Schulen und waren so von der strengen Armut, die durch die Satzungen vorgeschrieben wurde, befreit. Diese jesuitischen Schulen und die mit ihnen verbundenen Gemeinschaften formten jeweils eine Körperschaft. Das heißt, das gesamte Einkommen der Schule ging an die Schule und an die Jesuitengemeinschaft und wurde sowohl für den Unterhalt der Jesuiten und für die Schule selbst verwendet. Jesuiten erhielten keinen Lohn für ihre Arbeit. Das Schulgeld wurde so niedrig wie möglich gehalten, und sollte nur das Überleben und das Wachstum von Schule und Gemeinschaft garantieren. In guten Zeiten gediehen beide. Doch in schlechten Zeiten fragten sich die Oberen, wo das Geld für das Bezahlen der nächsten Rechnung herkommen sollte. Nichtsdestotrotz wurden in den Jahren vor 1970 die Gebäude auf jedem jesuitischen Campus vom Schweiß der dort arbeitenden Jesuiten bezahlt. Die Erträge wurden nicht benutzt, um die Gemeinschaft zu bereichern, sondern um ihre Institutionen weiterzuentwickeln.

In den Vereinigten Staaten begannen von den späten 1960er Jahren an zuerst die Universitäten und dann die Sekundärschulen damit, die Jesuitengemeinschaft von der Körperschaft der Bildungseinrichtungen zu trennen. Mit der Zeit wurden schließlich beiderseitig verbindliche, rechtswirksame Vereinbarungen getroffen, die die meisten Jesuitenschulen zu Körperschaften erklärten, die von den jesuitischen Kommunitäten getrennt waren. Die Jesuiten bezogen nun Gehälter, doch diese gingen nicht an jeden einzelnen unter ihnen sondern an die Gemeinschaft. Am Ende jedes Finanzjahrs benutzte jede jesuitische Gemeinschaft den erwirtschafteten Überschuss dazu, den Schulen große Summen zukommen zu lassen. Einige Kommunitäten erwirtschafteten beträchtliche Summen Geld, die sie in das Wohl der Gemeinde sowie in apostolische Werke investierten, besonders in die Schulen.

Die Gehälter der Jesuiten gehen an die Gemeinschaft.

Doch immer noch tat sich die Gesellschaft Jesu mit der Frage der Armut schwer. Nicht nur wegen des Lebensstils einiger ihrer Kommunitäten, sondern auch wegen der ungeklärten Frage, wie die – nun kostenpflichtigen – Schulen, die doch zumeist gegründet worden waren, um die Kinder von eingewanderten Katholiken zu unterrichten, weiter den Armen helfen konnten.

Die 32. Generalversammlung (1974–75), deren 4. Dekret die Gesellschaft verpflichtete, für die Gerechtigkeit als Bestandteil der Förderung des Glaubens zu arbeiten, schlug einen Lösungsansatz für die leidige Frage der Armut im Blick auf die Institutionen vor: die Trennung von Werk(Institution) und Kommunität (Lebensgemeinschaft der Jesuiten). Die Institution selbst konnte Stiftungen und Einkommen empfangen. Die Kommunitäten wurden jedoch an der ursprünglichen Bedeutung des Begriffs „Professhäuser" gemessen und durften als solche kein festes Einkommen aus angelegtem Kapital beziehen. Dies bedeutete, dass keine jesuitische Gemeinschaft ihr überschüssiges Kapital investieren durfte, um Erträge für die folgenden Jahre zu garantieren. Jede Gemeinschaft wurde dazu verpflichtet, am Ende jedes Finanzjahres ihren Überschuss zu verteilen. Die Generalkongregration erlaubte den Gemeinschaften, einen bestimmten Betrag aus etwaigen Überschüssen, bis zur Höhe des Budgets für das darauffolgende Jahr, für Notfälle zu behalten. Diese Vorschläge wurden in den Jahren nach der Generalkongregration nach und nach umgesetzt. In den Vereinigten Staaten legten die Provinziale fest, dass die Gemeinschaften nicht mehr als 25 Prozent ihrer Jahresbilanz als Finanzreserve behalten durften.

> **Am Ende jedes Finanzjahres wird der Überschuss verteilt.**

Zurück zu den Wurzeln

Das 4. Dekret der Generalversammlung fand nicht nur eine strukturelle Lösung für Einnahmenüberschüsse. Sie mahnte auch die Solidarität mit den Armen an, deren Leid oft auf ungerechte soziale Strukturen zurückzuführen ist. Um diesem Anspruch gerecht zu werden, musste die Gesellschaft Jesu ihre Praxis der Armut reformieren.

„Die Jesuiten werden nur dann den „Notschrei der Armen" hören, wenn sie mehr als bisher die Not und Ängste der Armen aus persönlicher Erfahrung kennen. … Unsere Kommunitäten werden nur dann Bedeutung und Zeichencharakter für unsere Zeit haben, wenn daraus, daß sie sich selbst und ihren Besitz anderen mitteilen, deutlich wird, daß sie Gemeinschaften der Liebe und Solidarität sind." 32 GK, Dekret 12, Nr.5

Also bestimmte die Versammlung: „Der Lebensstandard in unseren Kommunitäten soll nicht höher sein als der einer in bescheidenen Verhältnissen lebenden Familie, in der man für den Lebensunterhalt hart arbeiten muss" (32 GK, Dekret 12, Nr. 7). Mit den Auswirkungen dieser Anordnung haben die Jesuiten bis heute zu kämpfen.

Es ist kein Leichtes, innerhalb der Spannung zu leben, die durch das Armutsgebot erzeugt wird. Doch es ist vielfach gelungen, manchmal sogar auf geradezu heroische Weise. Bei der 31. Generalversammlung sprach der Generalobere Pedro Arrupe von den Konsequenzen für die Gesellschaft Jesu insgesamt sowie für die einzelnen Jesuiten, falls die Versammlung für das 4. Dekret – Unsere Sendung heute: Dienst am Glauben und Förderung der Gerechtigkeit – stimmte. Er sah voraus, dass nicht nur die Gesellschaft einige ihrer einflussreichen Absolventen und Absolventinnen und Gönner vor den Kopf stoßen könnte, sondern auch einzelne Jesuiten dadurch in Lebensgefahr geraten könnten. Er sollte Recht behalten.

Als die Jesuiten anfingen, von Gerechtigkeit zu reden, stießen sie in der Tat einige ihrer reichen und einflussreichen Freunde vor den Kopf. Und auch die zweite Prognose Arrupes bewahrheitete sich: Allein in den letzten 30 Jahren wurden über 40 Jesuiten aufgrund ihrer Forderung nach Gerechtigkeit für die Armen ermordet. Namhafte Beispiele finden wir in El Salvador. Im Jahr 1977 wurde Rutilio Grande SJ, auf dem Weg zur Messe getötet: ein Mord, der seinen Freund, den Erzbischof Oscar Romero, offenbar dazu brachte, Partei für die Armen im Land zu ergreifen. Zur selben Zeit begannen die Jesuiten der Universität von Mittelamerika UCA in El Salvador zu unterrichten und die „Theologie der Befreiung" zu unterstützen.

> Der Preis für den „Glauben, der Gerechtigkeit schafft" war hoch.

Mächtige und wohlhabende Familien wandten sich von ihnen ab. Im Jahr 1990 kam eine Armeeeinheit an die Universität und ermordete dort auf brutale Weise sechs jesuitische Professoren, deren Haushälterin und ihre Tochter. Sie und die Jesuiten hatten einen Preis zu zahlen für den Glauben, der sich für Gerechtigkeit einsetzt.

Soweit wir wissen, hat kein Jesuit je gesagt, dass sich die Gesellschaft Jesu von ihrem Engagement für die Armen ablassen solle, da es zu gefährlich sei. Im Gegenteil: Praktisch unmittelbar nach dem Mord an den sechs Jesuiten wurden deren Plätze durch Freiwillige eingenommen. Diese Einsatzbereitschaft gilt nicht allein für El Salvador: Die jüngste 34. Generalkongregation hat den Beschluss der 32. aufs Neue bestätigt. Die Gesellschaft Jesu will sich auch weiterhin in Armut für Arme einsetzen.

8. „Eine einzigartige Liebe"

Kreative Spannungen in der Praxis der Keuschheit

Jesuiten führen kein abgeschottetes Dasein. Sie sind mitten im Leben. Noch dazu gehört es zu ihren Pflichten, sich immer wieder in eine der intimsten Situationen überhaupt zu begeben: Sie nehmen Menschen ihre Beichte ab und unterstützen in der Geistlichen Begleitung. Da ist viel Raum für Nähe, Projektionen und Versuchungen aller Art. Wie schaffen sie es, integer zu bleiben?

> *„Und weil das, was das Gelübde der Keuschheit betrifft, keine Deutung fordert, da feststeht, wie vollkommen sie beobachtet werden muss, indem man sich bemüht, in ihr durch die Reinheit des Leibes und Geistes die Lauterkeit der Engel nachzuahmen, soll, dies vorausgesetzt, vom heiligen Gehorsam die Rede sein."* (Satzungen 547)

Dieser knapp gehaltene Kommentar zum Keuschheitsgelübde bedeutet eines: Jesuiten haben keusch zu sein. Punkt. Dieses Gelübde war nicht nur Anlass zu allerlei scherzhaften Bemerkungen, sondern hat manchen Jesuiten – zumindest in jüngerer Zeit – in Bedrängnis gebracht. Zeitgenössische Leser werden Ignatius' Worte als wenig hilfreich empfinden, wenn man dies als Anleitung für das Keuschheitsgelübde verstehen möchte. In der Tat wurde das Keuschheitsgelübde in den letzten Generalkongregationen ausführlich diskutiert. Um die jesuitische Spiritualität zu verstehen, wird es notwendig sein, etwas mehr darüber zu erfahren.

Vor seiner Bekehrung scheint Ignatius sexuell aktiv gewesen zu sein. In seinen Erinnerungen beschreibt er eine Vision von Maria, die den kleinen Jesus im Arm hält, „...bei deren Anblick über einen beachtlichen Zeitraum sehr übermäßige Tröstung empfing. Und er verblieb mit solchem Ekel gegen sein ganzes vergangenes Leben und besonders gegen Dinge des Fleisches, daß ihm schien, ihm seien alle Vorstellungsbilder aus der Seele genommen, die er zuvor in ihr gemalt trug. Und so hatte er seit jener Zeit bis zum August des Jahres 1553, da dies geschrieben wird, niemals mehr auch nur eine geringste Zustimmung in Dingen des Fleisches." (PB 10)

Interessant ist, dass Ignatius nicht sagt, er sei von sexueller Begierde befreit worden, sondern lediglich, dass er ihr nicht nachgab. Weiterhin führte ihn diese Erfahrung nicht dazu, die Gesellschaft von Frauen zu vermeiden. Sein ganzes Leben lang pflegte er enge Beziehungen zu Frauen.

Er begleitete sie spirituell genau so, wie er auch Männer begleitete. Einige dieser Frauen waren Wohltäterinnen, die ihm während seiner Pilgerjahre Unterhalt und Unterkunft gaben. Mit ihnen hatte er auch noch als Generaloberer einen regen Briefkontakt. Wie seine Briefe bezeugen, war er mit einigen von ihnen eng befreundet. Was auch immer man über die oben genannten Worte aus den Satzungen denkt: Klar ist, dass Ignatius das Keuschheitsgelübde weder als Erlösung von sexuellem Verlangen verstand, noch dass er daraus die Notwendigkeit einer körperlichen Distanz zu Frauen ableitete. Aber wie sah nun das Verhältnis der Jesuiten zu den Frauen aus?

Guter Ruf in Gefahr

Im ersten Kapitel haben wir eine der von John O'Malley beschriebenen Polaritäten angerissen: Die Jesuiten teilten die kulturellen Vorurteile ihrer Zeit hinsichtlich des weiblichen Geschlechts. Gleichzeitig waren Jesuiten für Frauen auf dieselbe Art und Weise seelsorgerisch tätig, wie für Männer. O'Malley stellt heraus, dass Frauen viel öfter noch als Männer zu Jesuiten gingen, um zu beichten. Diese Aufgabe als Beichtväter konnte die Jesuiten in Schwierigkeiten bringen, wie es etwa in Venedig geschah. Dort warnte im Jahr 1551 ein Freund der Jesuiten den Oberen. Dieser sollte seinen Mitbrüdern verbieten, so vielen Frauen die Beichte abzunehmen. Seiner Meinung nach liefen die Jesuiten Gefahr, ihre Reputation zu ruinieren. Der Obere lehnte dies mit der Begründung ab, dass das Abnehmen der Beichte nun mal Teil der Berufung eines Jesuiten sei. Ignatius, an den diese Angelegenheit weitergeleitet wurde, stimmte mit dieser Entscheidung überein.

Auch wenn sich die Jesuiten mit der Zeit mehr Gedanken um ihren Ruf machten und vorsichtiger wurden, kamen die Jesuiten noch im Jahr 1561 in Rom in die Häuser kranker Frauen und nahmen mindestens ebenso vielen Frauen wie Männern in ihren Kirchen die Beichte ab. Ihr Wirken brachte sie also in Umstände, die zuweilen einen falschen Eindruck erwecken konnten. Doch das war nicht das einzige Faktum, welches dazu beitrug, dass die Mitglieder der Gesellschaft Jesu sich immer wieder in zweideutigen Situationen wiederfanden.

Im Kreuzfeuer

Die frühen Jesuiten hatten häufig keinen festen Wohnsitz. Sie reisten und mussten dort ein Dach über dem Kopf suchen, wo sie es fanden. Dies be-

Jesuiten müssen aus innerer Überzeugung keusch sein.

deutete, dass sie ebenso in Gaststätten mit zweifelhaftem Ruf übernachteten wie auch in Häusern reicher Männer und Frauen. Wenn sie das Keuschheitsgelübde wirklich leben wollten, mussten sie dies von sich aus und aus einer inneren Überzeugung heraus tun, ohne Hilfe von außen. Auch war ihnen in den frühen Jahren eine abgeschottete klösterliche Lebensweise fremd. Ihre Häuser standen allen Männern und Frauen offen. Darüber hinaus brachte ihr Wirken sie in engen Kontakt mit Frauen und Männern. Sie benutzten die Sprache des Herzens, waren also sehr zugewandt und empathisch, wenn sie während der Beichte spirituelle Leitung ausübten und Rat erteilten. Eine spirituelle Unterhaltung, rein auf einer technischen und distanzierten Ebene, gab und gibt es bei den Jesuiten nicht. Aus all diesem folgt: Wenn Jesuiten das Keuschheitsgelübde wirklich leben wollten, mussten sie dies von sich aus und aus einer inneren Überzeugung heraus tun. Ohne Hilfe von außen.

Schauen wir uns einmal an, was während einer Beichte oder in der Geistlichen Begleitung geschieht. Wenn ein Mensch einem anderen von seinen oder ihren Gebetserfahrungen, Sünden oder sündhaften Tendenzen berichtet, ist dies ein Gespräch von großer Intimität. Eine solche Intimität kann in beiden Menschen Gefühle erwecken, die mit enger Freundschaft und sexueller Anziehungskraft assoziiert werden. Die moderne Psychologie lehrt uns, dass solche tiefgehenden Gespräche Gefühle und Emotionen wecken können, die mit wichtigen Menschen in der Vergangenheit des jeweiligen Individuums verbunden sind – das geschieht in einer Beichte genauso wie in einem Coaching oder einer Psychotherapie. Diejenigen, die Rat suchen, projizieren Gefühle, die mit ihren Eltern oder anderen wichtigen Autoritätspersonen verbunden sind, auf ihren Ratgeber bzw. Therapeuten. So etwa kann die Phantasie entstehen, ihr Ratgeber sei heimlich in sie verliebt oder verurteile sie für irgendetwas – ohne dass diese Phantasie irgendeine Basis in der Realität hätte.

In der Praxis der Psychoanalyse nennt man solche Reaktionen „Übertragung". Doch Therapeuten lernen auch, dass auch sie selbst durch ihre Patienten beeinflusst werden. Ein Patient kann in ihnen tief sitzende Verhaltensmuster auslösen. So reagieren sie möglicherweise negativ auf gewisse Patienten, weil diese sie an Menschen erinnern, von denen sie schlecht behandelt wurden. Andererseits können sie sich von Patienten, die sie an geliebte Menschen aus ihrer Vergangenheit erinnern, erotisch oder sexuell angezogen fühlen. Solch eine Reaktion nennt man „Gegenübertragung". Um diesen Effekten entgegentreten zu können, müssen Jesuiten sich selbst sehr gut kennen und mit einem Supervisor oder einem geistlichen Begleiter offen über ihre Reaktionen, ihre Verhaltensmuster und ihr inneres Erleben reden können.

Die frühen Jesuiten und die Jesuiten, die nach ihnen kamen und das Amt der Geistlichen Begleitung ausübten, müssen sowohl das Phänomen der Übertragung als auch der Gegenübertragung gekannt haben, selbst wenn sie noch keine Namen dafür hatten. Ignatius selbst übte eine starke Anziehungskraft auf Frauen und auf Männer aus. Ein Teil dieser Anziehungskraft war mit Sicherheit auf gewisse Art und Weise erotisch, auch wenn dies nie so benannt wurde. Der jesuitische Psychoanalytiker William Meissner berichtet von Ignatius' Verbundenheit zu seiner Schwägerin Magdalena, die ihn während seiner Genesung pflegte. Ignatius, der mittlerweile Generaloberer war, erzählte einem seiner Novizen, dass ein Bild der Jungfrau Maria in seinem Gebetbuch ihn so stark an Magdalenas Schönheit erinnerte, dass er es bedecken musste, um zu verhindern, dass es seine intensive Zuneigung zu ihr immer wieder neu anfachte.

> Ignatius übte auf Menschen eine große Anziehungskraft aus.

Trotz dieser starken Emotionen und trotz der Warnungen der Freunde hinsichtlich ihres Rufs, gingen weder Ignatius noch die frühen Gefährten den intimen Gesprächen aus dem Weg, die mit der Praxis der geistlichen Übungen sowie mit dem Abnehmen der Beichte verbunden sind. Ebenso wenig vermieden sie enge Freundschaften mit Männern und Frauen, die keine Jesuiten waren.

Und genau dies ist die Spannung, von der wir in diesem Kapitel sprechen: auf der einen Seite die Treue zum öffentlich verkündeten Keuschheitsgelübde, auf der anderen Seite die Ausübung von Ämtern, die nur zu leicht emotionale und erotische Impulse wecken können. Jesuiten sind angehalten, auf kreative Weise innerhalb dieser Spannung zu leben. Doch wie schaffen sie es, ihre Integrität zu bewahren?

Helles Licht in dunklen Ecken

Zuerst durchläuft jeder Jesuit im Noviziat und dann im Terziat die vollständigen *Geistlichen Übungen* (Dreißigtägige Exerzitien). Während dieser Zeit sieht er sich dazu aufgerufen, Jesus nachzufolgen und so zölibatär zu leben, wie dieser es tat. Der Wille der Jesuiten zur Keuschheit entspringt der Liebe zu Jesus und dem Verlangen, es ihm in allen Dingen gleichzutun. Zentraler Punkt ist die Überzeugung, dass man persönlich von Jesus dazu aufgerufen wird, die zölibatäre Keuschheit zu praktizieren. Dies geschieht, um besser in der Welt wirken zu können und die Freiheit zu besitzen, anderen zu dienen. Zudem durchlaufen die Jesuiten eine lange und anspruchsvolle Ausbildung. In ihrem Verlauf wird von ihnen erwartet, dass sie sich sowohl gegenüber ihrem geistlichen Begleiter als auch ihrem Oberen offen zeigen. Die *Geistlichen Übungen* lehren die Novizen, mit ihrem Novizenmeister über die Dinge des Herzens zu reden. In den Satzungen bemerkt Ignatius, dass der Novizenmeister ein Mann sein sollte, dem die Novizen mit Liebe und Vertrauen begegnen können, und fügt hinzu:

> *„Man weise sie (die Novizen) darauf hin, dass sie keine Versuchung verheimlichen dürfen, die sie nicht ihm oder ihrem Beichtvater oder dem Oberen sagen, indem sie dessen froh sind, dass ihm ihre ganze Seele vollständig offenbar ist, und nicht nur die Verfehlungen, sondern auch alle Bußen oder Abtötungen, Andachten und Tugenden. Sie sollen den lauteren Willen haben, gelenkt zu werden, wo immer sie etwas abgewichen sind, und sich nicht von ihrem eigenen Kopf leiten lassen wollen, wenn nicht die Meinung dessen damit übereinstimmt, den sie an Stelle Christi unseres Herrn haben." (Satzungen 263)*

Wir sagen es an dieser Stelle noch einmal ganz deutlich: Vom Anfang ihrer langen Ausbildung an wird den Jesuiten beigebracht, wie wichtig der offene und ehrliche Umgang mit ihren geistlichen Begleitern und Oberen ist. Die Möglichkeit dieses Austauschs hilft ihnen dabei, ihr Gelübde nicht zu brechen. Wie groß die Bedeutung ist, die Ignatius diesem Austausch zugesprochen hat, wird aus den Worten Ignatius' deutlich, die er ein paar Seiten weiter in den *Satzungen* niederschrieb: „und so sollen sie in allem im Geist der Liebe vorangehen, indem sie ihnen nichts Äußeres oder Inneres verborgen halten und wünschen, dass sie in allem Bescheid wissen, damit sie sie besser in allem auf den Weg des Heils und der Vollkommenheit lenken können". *(Satzungen 551)* Wie wir in einem der vorherigen Kapitel bemerkt haben, zielt diese Offenheit in der Gewissensrechenschaft darauf ab, dem Oberen in seiner Entscheidung hinsichtlich des apostolischen Sendungsauftrags seiner Männer zu helfen. Wenn er sie sehr gut kennt, ist es wahrscheinlicher, dass er ihnen Aufgaben gibt, die ihren Fähigkeiten entsprechen. Dazu gehört auch ihre Fähigkeit, mithilfe intimer spiritueller Gespräche anderen Menschen zu dienen und

Der Weg zur Integrität führt über den offenen Umgang mit den Mitbrüdern.

ihnen zu helfen, ohne dabei – um den modernen Terminus zu verwenden – professionelle Grenzen zu überschreiten. Darüber hinaus lernt der Jesuit für sich selbst, dass die Offenheit und Ehrlichkeit im Umgang mit anderen Jesuiten die beste Art und Weise ist, integer zu bleiben und so auch in der Welt zu wirken.

So lautet das Ideal. Die Realität stimmt damit natürlich nicht immer überein.

Von Berührungsängsten befreit

Das Ideal wird nicht erreicht, wenn die Spannungen, die das Keuschheitsgelübde mit sich bringt, verdrängt werden. Das kulturelle Klima über große Teile des 19. und 20. Jahrhunderts hinweg erachtete jede Form der Begegnung mit dem anderen Geschlecht als gefährlich. Die Angst vor intimen spirituellen Gesprächen beherrschte viele Jesuiten, von streng geregelten Ausnahmen abgesehen. Wie kam es zu dieser Angst?

Als die Gesellschaft Jesu wuchs, wurde es immer schwieriger für die Oberen, ihre Untergebenen auf einer tiefen Ebene zu kennen. Die große Anzahl der Männer, für die ein Provinzial zuständig war, machte eine Atmosphäre offener und ehrlicher Gewissensrechenschaft fast unmöglich. Geistliche Begleitung beschränkte sich in dieser Zeit zumeist auf die Beichte von Sünden und die Besprechung offensichtlicher Probleme. Tiefe Gespräche über die Regungen des Herzens waren kaum möglich. Tiefer gehende Probleme wurden eher verdrängt als offen angesprochen. Dies war jedoch nicht der einzige Effekt, den die stark gewachsene Mitgliederzahl mit sich brachte.

Probleme wurden eher verdrängt als offen angesprochen.

Die gewachsene Mitgliederzahl war auch ein Grund dafür, dass die Gesellschaft Jesu – wie die meisten religiösen Gemeinschaften auch – verstärkt auf Reglementierung und Ordnung setzte, um die religiöse Disziplin aufrechtzuerhalten. Wie wir in Kapitel 5 gesehen haben, ging das Vertrauen in die eigene Erfahrung und die Unterscheidung der Geister so weit verloren, dass damals selbst von Freundschaften zwischen Jesuiten abgeraten wurde. Das beschriebene Klima erzeugte Angst vor emotionaler Nähe, und so konnten Jesuiten erst gar nicht lernen, die kreative Spannung zwischen Keuschheit und uneingeschränktem Engagement in der Welt auszuhalten.

Ein solches Klima erzeugte Männer, die scheinbar keine emotionale Bindung zu anderen Menschen hatten. „Sie begegnen einander ohne Zuneigung und trennen sich ohne Bedauern" – diese karikierende Charakterisierung traf in gewisser Weise zu. Das Leben einiger Jesuiten schien nur auf Logik und Reglement ausgerichtet zu sein.

Auf dem Zweiten Vatikanischen Konzil öffnete Papst Johannes XXIII. die Fenster der Kirche zur modernen Welt hin. Doch viele Jesuiten und Ordensleute waren nicht wirklich auf die emotionalen Umwälzungen vorbereitet, die oftmals mit den neuen Freiheiten einhergingen. Zumindest in den Vereinigten Staaten fiel das Konzil mit einer Revolution in der allgemeinen Denk-, Handlungs- und Darstellungsweise sexueller Aktivität zusammen. In diesem veränderten kulturellen Klima mussten viele Jesuiten die Schmerzen einer verspäteten Adoleszenz durchleiden, um zu einem reifen Umgang mit ihrem Keuschheitsgelübde zu gelangen. Schließlich hatten die meisten von ihnen den Orden als Heranwachsende betreten und waren in einer weltabgeschiedenen, rein männlichen Umgebung aufgewachsen, die streng reglementiert war. Erik Erikson spricht von einem psycho-sozialen Moratorium, einem Entwicklungsaufschub. Dies bedeutet, dass ein junger Mensch auf irgendein Ereignis zu warten scheint, bevor er in die nächste Phase seiner psychischen Entwicklung des Lebens eintritt. Für diejenigen Jesuiten, die während des Zweiten Vatikanischen Konzils im Alter zwischen 30 und 40 Jahren waren, glich die Zeit zwischen ihrem Eintritt in den Orden bis zu diesem Zeitpunkt einem solchen Entwicklungsaufschub. Viele von ihnen hatten die Entwicklungskrisen, die zur Reifung und zum psychologischen Erwachsensein führen, noch nicht wirklich gemeistert. In dieser bewegten Zeit spürten deshalb viele von ihnen, dass sie im Zölibat nicht glücklich waren und nicht gut leben konnten und entschieden sich, die Gesellschaft Jesu zu verlassen und zu heiraten. Andere blieben, taten dies jedoch aber häufig unter großen seelischen Anstrengungen. Ihre Berufung ganz zu leben, fiel ihnen sehr schwer.

Während der Phase unmittelbar nach dem Zweiten Vatikanischen Konzil sah sich der Generalobere Pater Arrupe dazu veranlasst, allen wichtigen Oberen einen Brief zu schreiben. In ihm trug er ihnen auf, den Jesuiten deutlich zu machen, dass ein „dritter Weg" nicht akzeptabel war. Der Interpretation des „dritten Weges" zufolge durfte man zwar nicht heiraten, innerhalb einer liebenden Beziehung jedoch sexuell aktiv sein. Die Tatsache, dass Pater Arrupe diesen Brief verschickte, zeigt dass einige Jesuiten diese Interpretation befürworteten. Zumindest überlegten sie, ob sie mit dem Keuschheitsgelübde vereinbar sei. Wir müssen zugeben, dass es Fälle gegeben hat, in denen Jesuiten ihr Keuschheitsgelübde gebrochen haben. Sie merkten anscheinend nicht, dass ihre Handlungen inakzeptabel waren. Die Generalversammlungen Nr. 31 und 32 sowie die *Ergänzenden Normen* zu den *Satzungen*, die von der jüngsten 34. Generalversammlung abgesegnet wurden, sahen es jedenfalls als notwendig an, auf das Thema Keuschheit stärker einzugehen. Ziel war es, die dem Keuschheitsgelübde immanente kreative Spannung wieder herzustellen oder zu fördern. Wie sehr sich unsere Kultur von der Ignatius' unterscheidet, können wir anhand der folgenden Zeilen aus den *Ergänzenden Normen* erkennen, die in unserer Zeit entstanden:

> *„Im Gelübde der Keuschheit weihen wir uns dem Herrn und seinem Dienst in einer so einzigartigen Liebe, dass sie die Ehe und jede andere ausschließliche menschliche Beziehung wie auch den genitalen Ausdruck und die Befriedigung unserer Sexualität ausschließt. So beinhaltet das Gelübde die Verpflichtung zu völliger Enthaltsamkeit in der Ehelosigkeit um des Himmelreiches willen. Dem evangelischen Rat der Keuschheit folgend, bemühen wir uns, unsere Vertrautheit mit Gott, unsere Gleichgestaltung mit Christus, unser brüderliches Verhältnis zu unseren Mitbrüdern in der Gesellschaft und unseren Dienst an den Nächsten zu vertiefen und gleichzeitig zu wachsen in unserer personalen Reife und unserer Fähigkeit zu lieben."* (Ergänzende Normen 144)

In diesem vom 19. Jahrhundert grundverschiedenen kulturellen Klima musste die Gesellschaft Jesu offensichtlich deutlich machen, was das Gelübde alles beinhaltet.

Dass die Gewissensrechenschaft sowie die spirituelle Begleitung, die beide eine große Offenheit hinsichtlich persönlicher Erfahrungen verlangen, in jüngerer Zeit wieder an Bedeutung gewonnen haben, ist sehr hilfreich in Bezug auf die kreative Spannung. Die Jesuiten haben die vollständige Offenheit und Ehrlichkeit gegenüber ihren Oberen und spirituellen Begleitern wieder schätzen gelernt – mit dem Ergebnis, dass sie sich den Herausforderungen eines Lebens in Keuschheit stellen können. Auf diese Weise sind die Voraussetzungen für ihre apostolische Arbeit – die Kooperation und Freundschaft mit Kolleginnen und Kollegen sowie enge Beziehungen zu den Menschen, denen sie dienen – wieder möglich geworden.

Es bleibt nun noch ein Thema zu behandeln. Eines, das uns noch tiefer hinein in die Fragen der sexuellen Identität eines Menschen führt.

Auseinandersetzung mit Hetero- und Homosexualität

Die Frage der sexuellen Orientierung hat in vergangenen Jahren eine große Rolle im Umgang mit dem Thema „Jesuiten und Keuschheit" gespielt, besonders in den Vereinigten Staaten sowie in Teilen Europas. Es kann kaum einen Zweifel daran geben, dass es in religiösen Gemeinschaften immer Männer und Frauen gegeben hat, die sich auf sexueller Ebene in erster Linie zu Personen ihres eigenen Geschlechts hingezogen fühlten. Doch dies wurde nie zugegeben. Man ging einfach davon aus, dass jeder, der in einen Orden eintrat oder Priester werden wollte, heterosexuell war. Es war zwar bekannt, dass sich in nach Geschlechtern getrennten Ausbildungsgemeinschaften junge Frauen oder Männer sich zu der oder dem einen oder anderen ihrer Glaubensgenossinnen und -genossen hingezogen fühlen konnten. Doch man betrachtete dies als Irrungen, die sich von alleine wieder geben würden, wenn die betroffenen Personen von der Ausbildung zum apostolischen Werk in der weiteren Welt übergingen. In den Noviziaten waren enge Freundschaften verboten. Als Folge dessen behielten die meisten unter denen, die sich ihrer Zuneigung zum gleichen Geschlecht bewusst waren, ihr Geheimnis für sich. Manche hielten sich aufgrund ihrer Orientierung für anormal oder gar sündhaft.

Einen Eindruck davon, wie sich homosexuelle Jesuiten innerhalb der Gesellschaft Jesu wahrnahmen, zeigt uns die folgende Begebenheit: Während eines Vortrags auf einer Provinzversammlung in Amerika merkte ein Provinzial an, dass die Gesellschaft Jesu aus konservativen und liberalen Männern bestünde, aus Republikanern, Demokraten und Liberalen und eben auch aus Heterosexuellen und Homosexuellen. Und dass alle lernen müssten, gemeinsam als Brüder zu leben und einander zu lieben. Nach dem Vortrag gingen einige homosexuelle Männer auf den Provinzial zu, um ihm zu danken. Sie sagten es sei das erste Mal gewesen, dass ein Jesuit von Rang zugegeben hätte, dass auch Homosexuelle Teil der Gesellschaft Jesu sind.

Die Rückgewinnung einer authentischen jesuitischen Spiritualität der kreativen Spannungen kam zu einem schicksalhaften Zeitpunkt in unserer Geschichte. In den letzten 20 bis 30 Jahren hat in der Welt eine weitere sexuelle Revolution stattgefunden, nämlich die wachsende Schwulen- und Lesbenbewegung. Ihr Ziel ist es, einige der Vorurteile und Ungerechtigkeiten, die schwule und lesbische Menschen erfahren, zu überwinden. Auch religiöse Gemeinschaften haben die Auswirkungen dieser Bewegung zu spüren bekommen. Homosexuelle Jesuiten sind immer weniger dazu bereit, ihren Oberen und ihren Ordensbrüdern zu verschweigen, wer sie sind. Zudem weisen einige neuere Berichte über Priesterseminare und Ordenshäuser darauf hin, dass der Anteil von homosexuellen Männern dort größer zu sein scheint als in der restlichen Bevölkerung. Jesuitengemeinschaften mussten und müssen also auch mit diesen Realitäten zurechtkommen. Sie müssen lernen, einander als Männer zu vertrauen, die ungeachtet ihrer sexuellen Orientierung die kreative Spannung aushalten wollen, die mit ihrem Keuschheitsgelübde einhergeht. Es ist nicht immer einfach gewesen, dieses Vertrauen untereinander herzustellen. Doch es ist an manchen Stellen schon gelungen, und es gelingt immer wieder, auch während wir diese Zeilen schreiben. Die Gesellschaft Jesu wird durch die Auseinandersetzung damit auf jeden Fall reicher und wirkungsvoller in ihrem Tun.

Fazit: Gott in allen Dingen finden

In diesem kurzen Werk über die jesuitische Spiritualität haben wir stets betont, dass man diese Spiritualität nicht verstehen kann, ohne die kreativen Spannungen zu begreifen, die die Dynamik im Leben eines Jesuiten kennzeichnen. Im Herzen all dieser Spannungen steht als gemeinsamer Nenner eine Realität, nämlich die religiöse Erfahrung, dass unser dreieiner Gott, der über allem steht, was da ist, mitten in dieser Welt wirkt. Er will Männer und Frauen dazu bewegen, an seinem Werk und seiner Schöpfung teilzuhaben. Gott, der alles übersteigende und weltimmanente Gott, ist die Quelle der Spannungen, die der jesuitischen Spiritualität zugrunde liegen. Der ehemalige Generalobere Peter Hans Kolvenbach schreibt:

> *„Vielleicht war Ignatius die erste Person in der Geschichte der christlichen Spiritualität, die die Dreieinigkeit als ‚as God at work' wahrnahm: als ein Gott, der seine Arbeit fortsetzt, der das Universum immer weiter vollendet und das Göttliche in allen Dingen zum Leben erweckt – zur Erlösung der ganzen Menschheit."*

Gott will, dass wir Menschen an seinem Werk teilhaben.

Die Jesuiten orientieren sich an Ignatius' Spiritualität und finden den transzendenten dreieinen Gott stets in der Welt wirkend. Sie versuchen – mit Gottes Hilfe – mit Gott zusammenzuarbeiten. Wenn sie ihrer Spiritualität treu bleiben, dann streben sie danach, Gott in allen Dingen zu finden – in ihrem Gebet, in ihrem apostolischen Wirken, selbst im Spiel. Dabei bemühen sie sich nicht zu vergessen, dass Gott stets größer ist als alle diese Dinge.

Es gibt eine Geschichte über den heiligen Jan Berchmans, einen jesuitischen Scholastiker, der starb, bevor er geweiht werden konnte. Einmal wurde er beim Billardspiel gefragt, was er tun würde, falls er erführe, dass er innerhalb der nächsten paar Minuten sterben sollte. Er soll geantwortet haben: „Ich würde weiter Billard spielen." Und genau das ist es, wovon wir hier sprechen: Gott in allen Dingen finden – selbst im Billardspiel. Ein wunderbares Beispiel dafür, wie ein Mensch, der von jesuitischer Spiritualität erfüllt ist, Gott in allen Dingen finden kann.

Kolvenbachs Verweis auf Gott, der ständig weiter an seiner Schöpfung arbeitet, erinnert an die „Betrachtung zur Erlangung der Liebe" (EB 230ff), die letzte der *Geistlichen Übungen*, die auch als deren Höhepunkt oder Vollendung angesehen wird. In dieser Übung bittet Ignatius den Übenden vier Punkte zu betrachten:

1. wie viel Gott für mich vollbracht hat,
2. wie Gott im ganzen Schöpfungswerk und in mir wohnt,
3. wie Gott für mich in allen Dingen arbeitet und sich einsetzt,
4. wie alles Gute und alle guten Gaben von „oben" kommen.

Der erste und dritte Punkt dieser „Betrachtung" sind besonders relevant für Kolvenbachs These:

„Der erste Punkt: Ins Gedächtnis rufen die empfangenen Wohltaten der Schöpfung, der Erlösung und der besonderen Gaben, indem ich mit großer Hingebung (afecto) abwäge, wieviel Gott unser Herr für mich getan hat und wieviel Er mir von dem gegeben, was Er besitzt, und folgerichtig, wie sehr derselbe Herr danach verlangt, Sich selbst mir zu schenken ..." (EB 234)

„Der dritte: erwägen wie Gott um meinetwillen in allen geschaffenen Dingen auf dem Angesicht der Erde arbeitet und sich müht, das heißt, Er verhält sich wie einer, der mühsame Arbeit verrichtet ... indem Er Dasein gibt und erhält, ..." (EB 236)

Diejenigen, die diese Übung praktizieren, meditieren und öffnen sich dafür, wie Gott sich selbst gibt und wie Gott in allen Dingen am Werke ist. Das heißt, dass sie ihn als Gott erleben wollen, der stets gibt und der zu jeder Zeit und in allen Dingen am Werke ist. Ein Jesuit, der diese Übung mindestens zweimal in seinem Leben durchlebt hat – gewissermaßen als Höhepunkt der dreißigtägigen *Geistlichen Übungen* – versteht sich als jemand, der auf ganz besondere Weise beschenkt wurde. Er weiß, dass

Sich jeden Tag daran erinnern, was Gott mir geschenkt hat.

er aufgerufen ist, in Einklang oder besser: Hand in Hand mit dem Gott zu arbeiten, der auf diese Weise wirkt.

Aus diesem Grund ist die Gewissenserforschung mindestens zweimal am Tag auch so wichtig. Denn sie entspricht jener Zeit der Besinnung, die Ignatius nach jeder der Geistlichen Übungen empfiehlt. Während der Geistlichen Übungen reflektiert man über die Gebetsübung, die man soeben vollbracht hat. Man will erkennen, wie sie verlaufen ist, will Tröstungen und Trostlosigkeit wahrnehmen, um zu unterscheiden, welche Regungen von Gott kamen und welche nicht. Auf diese Art gewöhnt man sich daran, wie Gott Menschen leitet und merkt, wie man von Gottes Weg abkommen kann. Wenn ein Jesuit etwa um 12 Uhr mittags die Gewissensuntersuchung ausübt, dann reflektiert er den Zeitraum vom Augenblick des Aufwachens an. In diesen Stunden, so glaubt er, war Gott in seinem Leben aktiv. Denn Gott wirkt immer in dieser Welt. Dann fragt er sich, ob er Gottes Aktivität gespürt hat, ob sein Herz dabei, ähnlich wie es die Pilger auf der Straße nach Emmaus erlebt hatten, gebrannt hat – auch wenn er sich dessen vielleicht nicht vollständig bewusst war. Er fragt sich, ob er im Einklang mit Gottes Wirken war oder nicht. Indem er diese Art der Besinnung über einen längeren Zeitraum praktiziert, hofft der Jesuit, zu einem „kontemplativen Menschen in Aktion" zu werden, einem Menschen, der im wahrsten Sinne des Wortes Gott in allen Dingen findet: im Gebet, in der Arbeit, in der Freizeit.

Jesuiten wollen Männer sein, die die vielfältigen Spannungen, die ihrer Spiritualität zugrunde liegen, glücklich und kreativ leben. Sie sehen sich aufgerufen, Gefährten Jesu zu sein, so wie es die Apostel gewesen waren. Die 32. Generalversammlung fragt:

Jesuiten wollen die Spannungen glücklich und kreativ leben.

> *Was heißt Jesuit sein? Erfahren, dass man als Sünder trotzdem zum Gefährten Jesu berufen ist. Wie Ignatius, der die selige Jungfrau bat, sie möge ihn „ihrem Sohn zugesellen". Und der sah, wie der Vater den kreuztragenden Jesus bat, diesen Pilger in seine Gesellschaft zu nehmen. Was heißt es heute, Jesuit, Gefährte Jesu zu sein? Sich unter dem Banner des Kreuzes im entscheidenden Kampf unserer Zeit einsetzen: im Kampf für Glauben, der den Kampf für die Gerechtigkeit mit einschließt."* (32 GK, Dekret 2, Nr. 11)

Die Jesuiten wollen dieser Definition treu bleiben. Weil sie glauben – und weil sie in diesem Glauben erfahren – dass der dreieine Gott, der in der Welt am Werke ist, will, dass sie an diesem seinem Werk mitarbeiten.

So kommt es, dass Jesuiten in verschiedene Spannungen verwickelt sind. Spannungen, die wir in diesem Buch skizziert haben. Jesuiten versuchen zu arbeiten, als hänge alles von Gott ab, doch ebenso nutzen sie alle ihre Fähigkeiten und Mittel, die ihnen dabei helfen können, ihre Ziele zu erreichen. Manche Menschen sehen in ihnen Träumer, die sich in einem aussichtslosen Kampf abmühen. Andere sehen in ihnen die neuen „Heiden", weil sie oftmals mit „Heiden" zusammenwohnen und -arbeiten.

Wieder andere sehen in ihnen eine solch große Gefahr, dass sie sie zu einem Feind machen, der angegriffen und sogar eliminiert werden muss. Wenn Jesuiten innerhalb dieser kreativen Spannungen ihrer Spiritualität leben, dann sind sie für manche Menschen genauso ein Problem wie Jesus, ihr Herr es war. Jesus, der sie dazu aufgerufen hat, seine Gefährten zu sein.

Register

BP – Ignatius von Loyola (Übersetzt von Peter Knauer), Bericht des Pilgers, Echter, Würzburg 1998 (zit. nach Nummern)

EB – Ignatius von Loyola (Übersetzt von Adolf Haas), Geistliche Übungen - Exerzitienbuch, Herder, Freiburg 1966 (zit. nach Nummern)

Satzungen – Ignatius von Loyola, Satzungen der Gesellschaft Jesu und ergänzende Normen, Hrsg. von der Provinzialskonferenz der Zentraleuropäischen Assistenz, München 1997 (zit. nach Nummern)

GK - Dekrete der 31. bis 34. Generalkongregation der Gesellschaft Jesu, Hrsg. von der Provinzialskonferenz der Zentraleuropäischen Assistenz, München 1997

John W. O'Malley (Übersetzt von Klaus Mertes), Die ersten Jesuiten, Echter, Würzburg 1995

Ignatius von Loyola (Übersetzt von Peter Knauer), Briefe und Unterweisungen, Echter, Würzburg 1993

Ignatius von Loyola (J. Munitz, Ph. Endean), Personal Writings, New York, Penguin Classics 1996

Andre Ravier, Ignatius of Loyola and the Founding of the Society of Jesus. San Francisco, Ignatius Press 1987

Informationen

über den Jesuitenorden im deutschsprachigen Raum und seine Institutionen finden Sie unter:
- www.jesuiten.org
- www.jesuiten.at
- www.jesuiten.ch

Die Publikation JESUITEN, die Informationsschrift der Deutschen Jesuiten, erhalten Sie kostenlos über: redaktion@jesuiten.org.
JESUITEN, die Mitteilungen der Österreichischen Jesuiten, können Sie kostenlos beziehen unter: kommunikation.at@jesuiten.org.

ZIP
ZENTRUM FÜR
IGNATIANISCHE
PÄDAGOGIK

Zentrum für Ignatianische Pädagogik

Das Zentrum für Ignatianische Pädagogik (ZIP) im Heinrich Pesch Haus hat es sich zur Aufgabe gemacht, die Weiterentwicklung der ignatianischen Lern- und Lehrkultur zu fördern. Als Zentrum der Vernetzung bietet es ein Forum für alle, die Schule als einen Ort verstehen, an dem Schülerinnen und Schüler lernen, ihr Handeln zu reflektieren und die Welt verantwortlich zu gestalten. Wir freuen uns sehr über das Programm, das Lehrkräften, Schulleitern/innen und allen weiteren im Schulkontext Tätigen reichhaltige Seminare und Workshops zur persönlichen Entwicklung, aber auch zur Entwicklung der Schulorganisationen bietet.

Lernen Sie das ZIP näher kennen: **www.zip-ignatianisch.org**

Das Programmheft mit den ZIP-Veranstaltungen für das laufende Schuljahr senden wir Ihnen gerne zu. Bestellen Sie es mit einer Mail an: *broschueren@heinrich-pesch-haus.de*

Abonnieren Sie den ZIP-Newsletter

Profitieren Sie von aktuellen Diskussionen, Empfehlungen für Lehrkräfte, Fachkräfte sowie Pädagogen und Pädagoginnen, Best-practice-Beispielen, spirituellen Impulsen, der Vernetzung mit Fachkräften, Veranstaltungstipps etc.

Die Inhalte und Rubriken im Überblick:
- ZIP aktuell
- Pädagogik konkret
- Spiritueller Impuls
- Best practice
- Veranstaltungsempfehlungen

Einfach und kostenlos abonnieren mit einer Mail an: *newsletter@zip-ignatianisch.org*